株式投資2年生の教科書

児玉一希

Gakken

はじめに

今、急増中の株式投資〝2年生〟が避けて通れない壁

本書は株式投資〝2年生〟に向けて執筆しています。ではその**株式投資2年生とはどういう方々なのかといいますと、株式投資を少しはしたことがある方全般**としています。厳密に1年少々して2年目に突入という人とは限定していません。

特に多いのがおそらく、つみたてNISAや確定拠出年金（iDeCoや企業型DC）を始めてみたという方だと思います。「老後資金が2000万円ないと困るとか、不安になったから」「最近会社で確定拠出年金が始まったから」「よく聞くし周りで始める人が増えたから」「個別株よりは安心して始められるから」「投資信託というのを銀行とかで勧められたから」このあたりの理由が多いような気がします。

コロナ禍の影響も無視できません。「会社の売上減少により収入が減りそうだから」「家にいる時間が増えて、お金のことをじっくり考える機会が増えたから」など、こんな声も

実際によく聞きます。コロナがきっかけで投資を始めた方は本当に多いようです。
そんな**「完全に初心者ではないけれど、自分に合った投資スタイルは何か？　模索中の人」を投資2年生とここでは定義**します。

今、あなたがこの本を手に取っているということは、おそらく既に投資は始めていて、その上で何かしらの課題があり情報収集している最中かと思います。

昨今の投資ブームによって、つみたてＮＩＳＡをはじめとした投資が身近になったと感じています。実際にＮＩＳＡ総合口座の総数は、２０１９年末の７９８万口座から２０２１年末には１１０８万口座と、２年で＋38％の急増ぶり（日本証券業協会レポートより引用）。

この1、2年程度の期間だけでも、３００万人以上増えている計算です。個別株やＦＸ、あるいは急速にブームとなった仮想通貨を始めた人に対象を広げれば、人数はさらに上積みされます。

誰もが望む人生を送るのに、投資は強力なツールになります。ですが一定経験を積んでいくと必ず現れる壁があり、多くの人がそこで挫折し損失を大きく出している現実もあります。

例を挙げると、次のような悩みです。

- 積立投資をしているけれどなかなか増えない
- もっとリターンの高い運用方法はないのか?
- ネット上の意見に翻弄《ほんろう》されてしまう
- 銘柄選びに自信が持てず、いつまでも人の情報頼み
- チャート分析が難しく、勉強してもその通りに動かない
- 調べることがたくさんあってキリがない
- 勉強すればするほど何の手法が合うのか? 混乱している
- 売買するほどマイナスがどんどん膨らんでいく
- 自分が買うと株価が下がり損切りすると上がる
- 株価が気になって仕事に集中できない

私は投資教育のプロとして長年このような個人投資家の課題に向き合っており、投資初

心者から2年生になる人が増えているこのタイミングで、私の経験が役立つのではないかと思い本書を執筆しました。

もしあなたが投資信託や個別株などを買ったことがあり、なおかつ前述したような悩みが1つでもあれば、本書が大いに役立つでしょう。

自らも実践し、失敗と成功から学んだことを1冊に集約

本書は、東京は神田を拠点に投資の学校を運営する私、児玉一希が書いています。これまで著名な投資家やトレーダーの講演会を集客・運営し、対面・オンライン合わせて**10万人以上の個人投資家へ有益な情報をお届けしてきました。**

提供サービスに責任を持つため、私は投資家の方が発する情報にできるだけ多く目を通し勉強してきました。さらに**勉強した内容をもとに自分でも投資を実践し、その副産物で今では私自身が投資を教える立場になっています。**

2016年の創業からこれまで私が〝直接的に〟指導させていただいた方は2万人以上。Twitterのフォロワー数は1万2000人（2023年1月末時点）、2021年9月から始めた**YouTubeチャンネルは開設1年4か月で登録者数8万5000人を**

超え現在も成長中です。

私自身、本書を手に取っているほとんどの方と同じく金融のバックグラウンドはありませんでした。投資を学び始めたのは社会人3年目の25歳からです。詳しくは本編でお伝えしますが、**あらゆる失敗をひととおり経験済み**です。

現在では自分の投資スタイルを確立し、個別銘柄に限れば年+200〜300%のリターンが狙える中長期投資を実践。**本書で紹介する「投資2年目以降に陥りがちなポイント」に気をつけることで、成績を安定させています。**

そのような経験をもとに、**どのような時代でも普遍的に通用する投資スタイルを1冊にまとめました。**

投資2年目から成功者は半分以下まで激減する

私たちの受講生の内訳を見ると、投資歴1年以上の方（本書で定義する投資2年生）が半数以上を占めます。全くの初心者であれば、かなり初歩的な知識（チャートって何？とか）を知ったり証券口座を開設したりという段階ですが、1年経つと上手くいかない方は損失が大きくなって問題意識が強まるからだと分析しています。

また、**9割の方が損するといわれる投資の世界ですが、誇張でなく事実**だと思います。

なぜなら、以下の説明から導かれる計算でそう割り出せるからです。経験上、相場が好調な年は、60％くらいの方が投資でプラスの運用益を出します。米国株中心に絶好調だった2021年末、とある登録者数20万人以上の株YouTuberが投資成績のアンケートを取ると、年間の運用益プラスの方が60％ほどでした。

ただし、投資は長期戦です。1年目に60％の確率でプラスにできるとしても、2年連続で同じようにプラスにする人数は、1年目プラスの確率60％×2年目プラスの確率60％＝36％に絞られてきます。

さらに3年連続利益を出すとなると、2年目までプラスの確率36％×3年目プラスの確率60％＝21・6％に絞られます。この時点で約8割の方は投資で3年続けて利益を出せないのです。しかも、年プラスの確率60％はあくまで最高潮の相場環境が前提です。環境が悪化すれば、もっと厳しい数字になるでしょう。

もちろん個人差はありますが、**2年目に利益を出し続けられる人がそもそも多くて36％**と、大きく絞られているのです。だからこそ、投資を始めて早い段階で負けにくい・再現性のある投資スタイルを身につけることで、その後も堅調に資産を増やせますし、それができないと損失続きでいつまでも情報迷子のままです。

再現性こそが投資の肝。投資2年生の弱点を徹底網羅

前項でも話しましたが、私自身はもともと金融出身の人間ではありません。

東京都立川市の公立小中学校に通い、学業成績は5段階評価でオール3。平凡な学生です。大学卒業後、運よく就職できたリクルートグループの企業でも、新卒時の営業成績は最下位。仕事ができな過ぎて「ダメ男君」呼ばわりされていました（笑）。キャリアを真剣に考えるきっかけになったので今思えば有難い経験でしたが、当時はダメ社員のまま2年で逃げの転職をしています。そこで現在の仕事に辿り着きました。

そんな能力のない私でも投資で一定の成績を収め、ＹｏｕＴｕｂｅ等でも評価を得られているのは、個人投資家が損する原因に徹底的に向き合い、相場環境が変わっても通用する投資法を考えたからです。**時代、経済環境、資金量が変わっても同じようにできる、再**

現性のある投資スタイルを大事にしています。

話は変わりますが、あなたが目標とする資産額を思い浮かべてみてください。それを投資で達成するとしてどのくらいの期間が必要ですか？

――数か月と答える人はほぼいないでしょうし、1年でも稀だと思います。そうです、投資で資産を形成するには、まとまった期間が必要ですし、その間、**同じように続けられない方法では意味がない**のです。

そのような考え方で普段から活動していますし、その全てを縁あって本書にまとめさせていただけることになりました。

投資2年生は、始めたばかりの初心者とは躓《つまず》くポイントが少し異なりますので、そこを押さえるだけで大きく結果が変わります。

ぜひこの先を読み進めてください。本書が1人でも多くの迷える方、成功できずに困っている方の一助になれば幸いです。

児玉一希

受講生の声

30代女性

まだお小遣いに余裕もないので、最初は数千円からスタート。だんだん気持ち的に慣れてきたので、「数万円➡数十万円」と少しずつ額を増やすことができました。利益もちょっとずつですが出ていて、好きなお洋服とか買ったりできました！

30代男性

証券アプリは最初、専門用語だらけでチンプンカンプン……。でも知識が増えるほど成功確率が上がると信じて続けて、実際に勝率も高まってきた感じがします。指標とかはいっぺんに覚えようとするんじゃなくて、興味を持ったものから取り入れていく。こんな無理のない、楽しく続けられる方法も児玉先生から教わりました。

40代男性

セミナーからSNSから、投資絡みのものはいろいろと見てきましたが、投資情報が世の中にはたくさんあって、見れば見るほど混乱し、何を信じていいのかわからなくなりました……。そんな中で、児玉先生は明るいニュースだけでなく、可能性はありつつもその背後にある懸念点もしっかりとお話しされるので、とても信頼できます。

40代女性

話し方とさわやかな感じがとても好感度が高くて、それで聞き始めたというのが本音ですが！　話を聞くと、とりあえずつみたてNISAとかを友だちがやってるから自分も始めたくらいの私みたいな初心者でも、置いてけぼりにならないように説明してくれるので、お人柄もステキで信頼できる感じがしました。

50代女性

日本個別株については、ずっと手を出していませんでした。投資信託をちょっと続けていたくらいです。日本の個別株を始めたのは児玉先生のお話がきっかけでしたが、米国株と違って身近な企業の株だから、事業の様子とかも想像しやすく、以前よりも株を楽しく感じられるようになりました。新聞を見るのも前より夢中になるようになりました。株式投資以外のいろんな世界を開いてくださり、ありがとうございました。

50代男性

チャートの有益な読み方、企業分析、経済事情の捉え方など、数えきれないくらい勉強になりました。それも、やみくもに覚えたり調べたりするんじゃなく、ポイントを絞ってメリハリをつけて観察することも、具体的に教えてもらいました。実際に前よりも投資の調子もよくなっています。本当に感謝です！

60代男性

最初は信用取引で短期売買をしていましたが、せっかちだったり焦ったりする性格なのか、損切りしてばかりでした……。児玉先生に会ってからは、中長期で保有するのが、勝つだけでなく、精神的にもいいことを教えてもらい、本当にそうだなと思っています。雇用延長で働いているとはいえ、仕事中に株のことが気になるのはよくなかったのですが、それも減りました。

60代女性

何を聞きたいのかもわからなかった私に対しても、児玉先生は親切に1つ1つ丁寧に教えてくれました。知らないことはまだたくさんあると思いますが、挫折しないで続けられそうです。温泉旅行に行く程度のお金が手に入ったくらいですが、この先も大きなチャンスを期待しています!

70代男性

株式投資の動画は、たくさんあります。時間があるので息子にも教えてもらっていろいろと観ているんですが、上手くいった時だけ得意げに語っている動画も多くて、うんざりしてきました。でも児玉さんは、反省点もかなり深掘りしているし、冷静な感じにも好感が持てるので、よく動画を観させてもらっています。

目次

はじめに

今、急増中の株式投資“2年生”が避けて通れない壁 002
自らも実践し、失敗と成功から学んだことを1冊に集約 005
投資2年目から成功者は半分以下まで激減する 006
再現性こそが投資の肝。投資2年生の弱点を徹底網羅 008
受講生の声 010

第1章

つみたてNISA、iDeCo、インデックス投資の落とし穴

――「みんな、やっているから」が最も危険

① 積立投資は想像以上に時間がかかる
20年で2倍に満たないことも十分あり得る 026

CONTENTS

「元本がマイナスでも現金化」は誰にでも起こり得る 031

② 誰も教えてくれないS&P500投資の落とし穴

半額になるのも珍しくない……。長期の停滞局面がある 033

ごく一部の大型ハイテク株の不調で急降下することも 035

過去10年の上昇は低金利のおかげ 037

60%以上の下落も……。為替変動の影響を大きく受ける 040

③ 大前提：同じ相場は絶対来ない

過去の成功パターンに乗ったら大破産を起こした 042

第2章

累計2万人以上の受講生から見る「投資2年生」がやりがちな失敗

――偏った情報に振り回され、チャンス損失どころか大損害を被った実例の数々

① 満足度わずか18%。衝撃を受けた受講生アンケート
高度なテクほど理解できず失敗しやすい 048
② 投資2年生がやりがちな失敗パターン
【失敗1】SNSで話題の銘柄に飛び乗る 050
【失敗2】売買の根拠が「ストーリー」「夢」 053
【失敗3】チャートの形だけで判断する 058
【失敗4】短期売買を繰り返す 063

CONTENTS

第3章

資産形成が加速する個別株投資をやってみよう！
——思ったよりも手堅く、難しくない個別株投資の世界

① 1年で投資信託の10倍以上もザラ！　個別株投資の魅力
個別株も大損失を防ぐシンプルな方法がある　066

② 2つの儲けが得られるキャピタルゲイン&インカムゲイン
株価が30％下落してもプラスになるのはなぜか　068

③ 個別株投資のリスクと防ぎ方
【ポイント1】業界に成長性がある　070
【ポイント2】高配当・増配株を選ぶ　072
【ポイント3】銘柄・業種を分散する　074
【ポイント4】チャート上で売られ過ぎている時だけ買う　076

【ポイント5】投資する理由を決めて、それが覆《くつがえ》ったら売る 077
④兼業投資家はむしろチャートを見ないほうがよい
投資の原資は仕事でしか稼ぐことができない 079

第4章 これが結論！株は「地合《じあ》い」が9割
——地合いなくして、チャートも何もない

①株価の動きを決める3つの要因
1つの理由だけで株価はそう簡単には動かない 084
【主な要因①】個社要因 086
【主な要因②】需給要因 092
【主な要因③】地合い要因 095

CONTENTS

②結局、地合いが9割
個別企業と指数の株価は連動する 098
③相場環境をモニタリングする5つの指標
【指標①】25日騰落レシオ 100
【指標②】日経平均PER・PBR 102
【指標③】恐怖指数(VIX) 105
【指標④】RCIの反発 106
【指標⑤】セクターローテーション 109
④「材料出尽くし」「織り込み済み」を理解する
株は現実社会よりも早く動く 116
噂で買って事実で売る 117
⑤大底の見分け方
買う勇気を持つための3つの動機 122

【動機①】地合いを見る指標　123
【動機②】個別のファンダメンタルズ　124
【動機③】最後に必要なのは勇気　125

第5章
時を味方につける「増配株」のパワー
——高配当、増配ならOKというほど単純にあらず。勝率を上げるための必要最低限の知識

① 時を味方につけて資産形成！　再現性が高い増配株の魅力とは？
インデックス投資ではあり得ない利益を手堅く取りに行ける　128

② 「安定型高配当」「成長型増配」それぞれの選び方
①成長性は低いが安定高配当　132

CONTENTS

②高い成長が見込める増配株　140

③企業業績はここだけ見ろ！　具体的に解説

売上高　144

海外売上　145

営業利益　146

自己資本比率　147

ROE（自己資本利益率）　148

キャッシュフロー　149

配当利回り　151

配当性向　152

連続増配記録　152

隠れ増配　154

④日中のチャートチェック不要！　サラリーマンもできる投資ノウハウ

朝に数十分確認したら後はほったらかし　155

⑤ 投資判断に影響する決算の考え方
決算前後、配当の権利付最終日直前は買うな 157

第6章

投資2年生が知っておきたい実際の相場への心構え5カ条

――長く冷静に勝ち続ける人が必ず意識していること

① こんな金、くれてやる!
長期投資の挫折と早売りを防ぐのに必須 160

② 徹底的に天の邪鬼であれ
買い手がいなくなることで相場の天井はやってくる 163
天の邪鬼のごとく買いに行くべきタイミング 165

③ すぐ上昇することを期待しない

CONTENTS

大きなプラスの前にはマイナスが発生する 168
不祥事や事業環境の変化はさすがに売却のサイン 171

④ 怖い時こそ「安心」の買い場、前のめりな時は「危険」な売り場
投資とは感情と逆の行動をするもの 172
急上昇のウラには落とし穴がある 173
過去に上手くいったロジックを妄信すると大損する 175
恐怖の中に希望が垣間見えれば、お宝ポジションになりやすい 176
「メモ買い」と「エントリーポイント振り返り」でスキルアップ! 178

⑤ 常に変化し続ける
過去の必勝術で逆に負けを招くなんてことも…… 180

おわりに 186

装丁デザイン　小口翔平、奈良岡菜摘（tobufune）
本文デザイン・DTP　荒木香樹
図版作成　並木優佳
監　修　吉田　篤（シグマ）
校　正　宮川　咲
企画協力　小山睦男（インプルーブ）

第1章

つみたてNISA、iDeCo、インデックス投資の落とし穴

――「みんな、やっているから」が最も危険

①積立投資は想像以上に時間がかかる

20年で2倍に満たないことも十分あり得る

投資初心者に人気の「つみたてＮＩＳＡ」「ｉＤｅＣｏ」や企業型ＤＣといった確定拠出年金。経済や投資に詳しくない方のために金融庁が定めた水準をクリアした投資商品を扱う制度で、月々数千円からの積立投資で将来の老後資金を作っていこうというものです。

つみたてＮＩＳＡやｉＤｅＣｏが取り扱う投資商品の中でも、特に人気となっているのがインデックス投資。中でも、米国の株式指数である「Ｓ＆Ｐ５００」に連動した投資商品を選ぶ人が非常に多くなっています。ネットや本など、多くのところで頻繁にお勧めとされているからでしょうか。

ちなみに指数とは、株式市場全体の値動きを表す指標（1株当たりに換算した数値を示すことが多い）のこと。Ｓ＆Ｐ５００は、米国を代表する企業によって構成されています。

つまり、S&P500に連動した投資商品とは、米国を代表する企業の株を集めたものです。

インデックス投資のイメージはp27の図1の通り。投資先が分散されているため、仮に1つの銘柄で大暴落があったとしても全体の資金へのダメージを小さくできるのが特徴。

さらにS&P500の場合は、世界中から買われる米国株で構成されるため、長期で見れば上昇していく可能性は非常に高いです。そのため、年代問わず多くの方が購入しています。

しかし、です。**長期投資の道のりは果てしなく長い**というのを忘れないでください。具体的に数字で見ておいたほうがいいでしょう。

図1　インデックス投資（インデックスファンド）のイメージ図

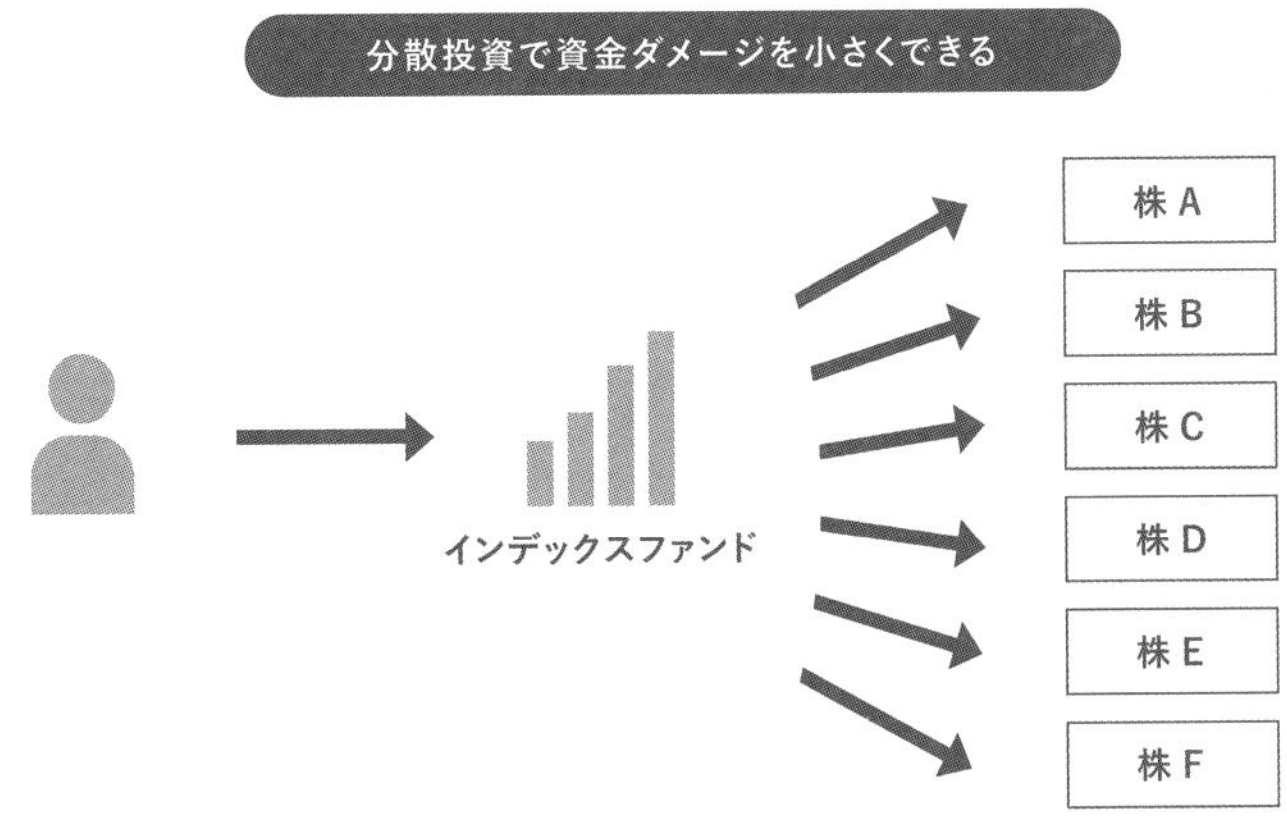

※画像提供：ピクスタ、Icon-rainbow

ｐ28の図２で示したシミュレーションをご覧ください。

こちらは毎月３万円を投資信託に積み立て、年平均５％上昇したと仮定しています。５％というのは株式の過去２００年のＳ＆Ｐ５００の平均リターンから割り出しています。ですから、年によって安定上昇することもあれば暴落でマイナスになることも当然あるわけです。

話を戻して、毎月３万円で積立を続けるとしましょう。最初の５年で積立元本１８０万円に対しプラス24万円、10年目まで積立をすると積立元本３６０万円に対して１０５・８万円の利益となります。１００万円を超える利益になるのでまとまったリターンに感じら

図2　毎月3万円を積み立て、年間で5％上昇した場合の10年後まで

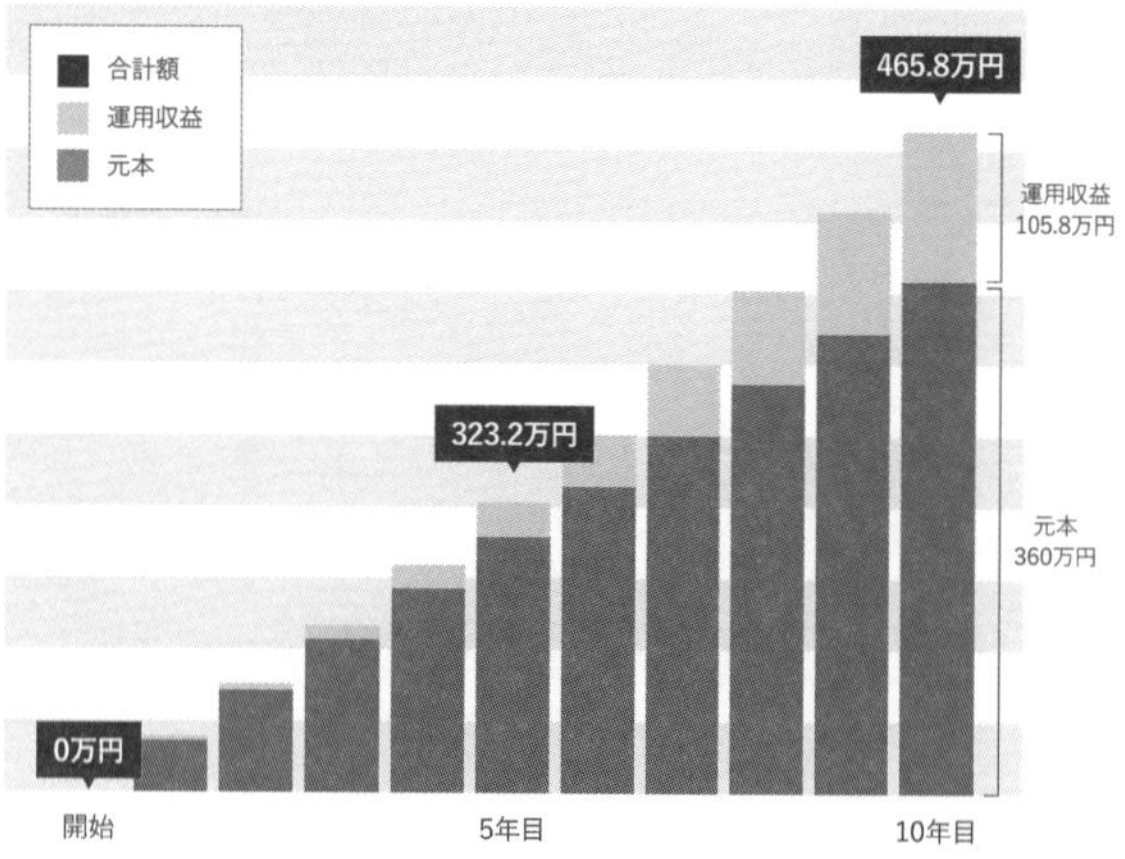

※金融庁「資産運用シミュレーション」をもとに作成

れますが、ここまで来るのに10年かかるわけです。

しかも老後は2000万円が必要といわれており、子どもがいる場合は教育費も高騰しているので、全体の運用金額465・8万円（＝360万円＋105・8万円）ではまだまだ心もとないといわざるを得ません。

さらに10年続けたとしましょう。そうすると20年目で積立元本720万円、運用益は513・1万円になります。20年経って最終積立1233・1万円。投資元本に対する利益率は約71％。ここまで来ると、複利運用の効果を実感できると思います。

しかし、考えないといけないのは20年で約1・7倍ということ。2倍にも達していない

図3　毎月3万円を積み立て、年間で5％上昇した場合の20年後まで

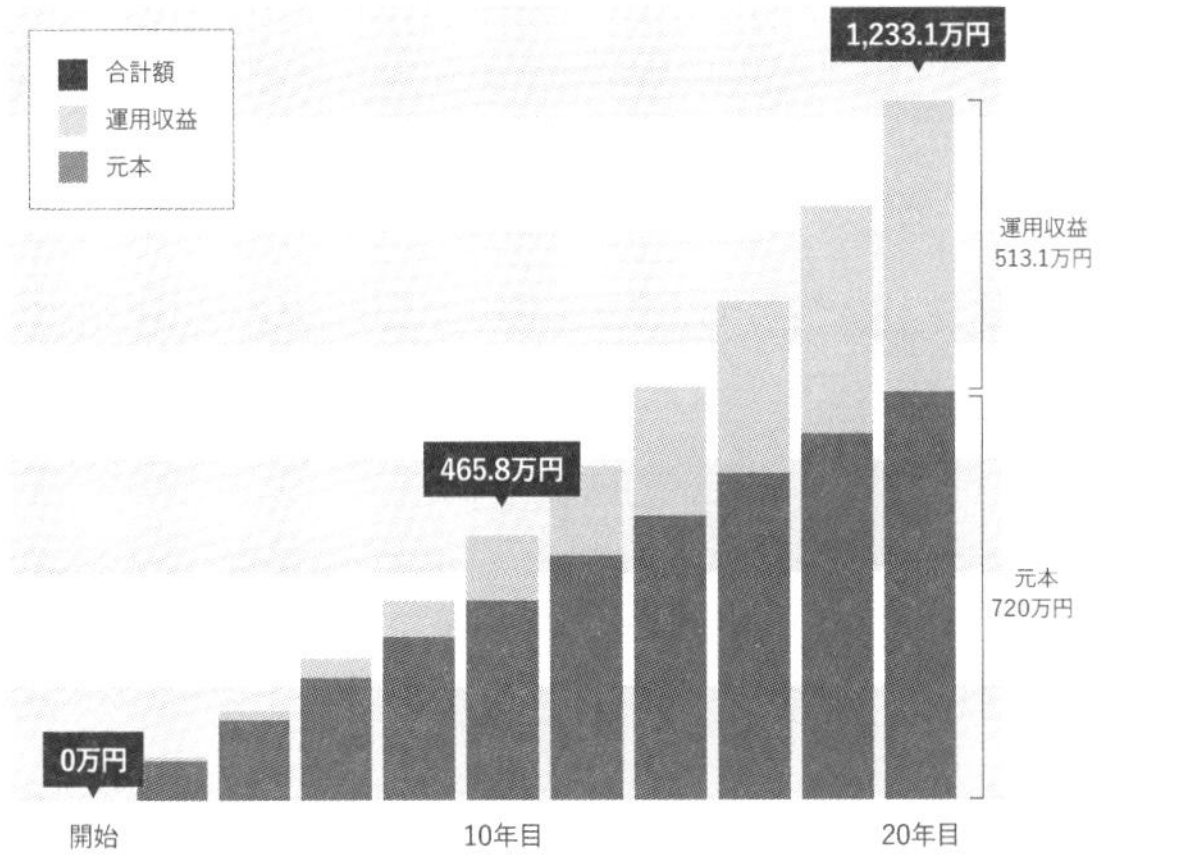

※金融庁「資産運用シミュレーション」をもとに作成

のです（p29の図3参照）。

ほったらかしているだけで1・7倍は決して悪い数字ではありませんが、20年って時間がかかり過ぎなイメージがありませんか？

図2、3のもとにしたのは、金融庁「資産運用シミュレーション」というサイト（URLは長いので割愛。検索サイトを使うほうが早いです）。とても便利なので、よかったら一度でも、数字をいろいろと入れてみて実際の金額をぜひ知ってください。


さらに気をつけないといけないのは、日本円の弱体化です。2022年は歴史的な円安が進みました。1ドル110円台から150円を超える場面までありました。

円安というのは、日本円の価値が外国の通貨に比べて落ちることを意味します。2022年は、年初から日本円はドルに対して約33％も安くなりました。

日本は、エネルギーをはじめ様々な製品を輸入に頼っています。そのため、以前よりも多くの円を支払わないと物が手に入らなくなりました。電気代や小麦製品が高くなったのはそのせいです。将来このような円安が、また起こらないとも限りません。

先ほどのシミュレーションでは約1230万円の積立でしたが、**仮に2022年と同じ**

『株式投資２年生の教科書』
正誤表

この度は『株式投資２年生の教科書』をご購入いただきまして，誠にありがとうございます。

本書，図に誤りがございました。

ここに訂正させていただきますとともに，深くお詫び申し上げます。

ｐ28 の図２の５年目の所にて、

誤：323.2 万円

正：204 万円

ペースで円安が進むと実質的に、元本720万円に対して合計額が820万円程度の価値しかなくなってしまいます。そのため、もし日本国内の投資商品のみにコツコツ貯めていても、思ったよりも増えなかったという事態になる可能性があるのです。

もちろん、米国などの海外資産に投資していれば、円安によって円ベースの資産は増えます。逆に2010年代前半のように1ドル70円という超円高が起こったり、2022年末のように一気に20円も円高に逆戻りしたりすれば、結果は真反対に……。ただ、こればかりは誰にも予測できません。

「元本がマイナスでも現金化」は誰にでも起こり得る

さらに、そもそも毎月3万円を継続して積み立てられるか？という問題もあります。20年もあれば、転職、引っ越し、出産、子どもの私立校への進学、家族の病気、親の介護など自分に大きな影響がある出来事によって、収入に余裕がない事態が来てもおかしくありません。

このように、そもそも継続した積立自体が難しくなってしまう場合もあるのです。もちろん、月々数千円から投資をすることもできます。私自身も積立投資自体には賛成です。

ただし、**少額で積立を続けたとしても、まとまった資産を作るのにはその分長い時間がかかってしまいます。**

また米国株をはじめ、株式市場がこれまで通り上がり続けるという保証はありません。２０００年のＩＴバブル崩壊、２００８年のリーマンショックなどでは、数年にわたって株価が高値（一定期間の中で一番高い値段）から50％を超えて下落する事態となりました。あなたがもしその時に投資していたら、資産額が半額以下になるということです。

そのような状況になると、コツコツ積立をしていても時間が経つごとにマイナスが膨らんでいきます。詳細は後述しますが、さらに時間が経てば上昇に転じることもあるため、本当は投資すべき絶好な場面と知りつつも、萎《な》えて積立を止めてしまうことも十分あり得ます。

もっと恐ろしいのは、元本全体がマイナスになっている時に急にお金が必要になった時。その時は損切りするような形で積立元本を現金化しないといけません。

もちろん、バランスに気をつけて資産を分散していれば大損は防げます。しかしその場合も先ほどお伝えしたように、少額の余裕資産での投資となりますので、まとまった資産形成には時間がかかります。

つみたてNISAやiDeCoで、皆がこぞってS&P500の積立をやっているから大丈夫という風潮がありますが、長期で資産をマーケットに投じる分、以上のような様々なリスクが発生するのです。

② 誰も教えてくれないS&P500投資の落とし穴

半額になるのも珍しくない……。長期の停滞局面がある

世界最強といわれる米国**S&P500そのものにも落とし穴があります。**まず30年間で約12倍になっているS&P500ですが、前項でも取り上げたように**その途中には長期の停滞局面があります。**

代表的なのが2000年のITバブル崩壊。当時流行したネット企業の株バブルが弾け

ることで、高値から40%以上暴落しました。3年かけてこの期間に積立投資をした人は、ひたすら下落し含み損が拡大する中で投資を続けていたということです。なかなかのメンタルですよね。

２００８年のリーマンショックでは高値から50%以上、それも金融機関の破綻を伴って下落しました。さらに当時は米国経済への信用不安で、ドルから資金が流出。株の暴落と同時にドルの価値も下がったので暴落に拍車がかかりました。

このケースだけでなく１９９０年代初頭、２０２０年のコロナショックなど株式マーケットは大きく停滞する場面が定期的に発生します。

図４　S&P500過去30年の大暴落

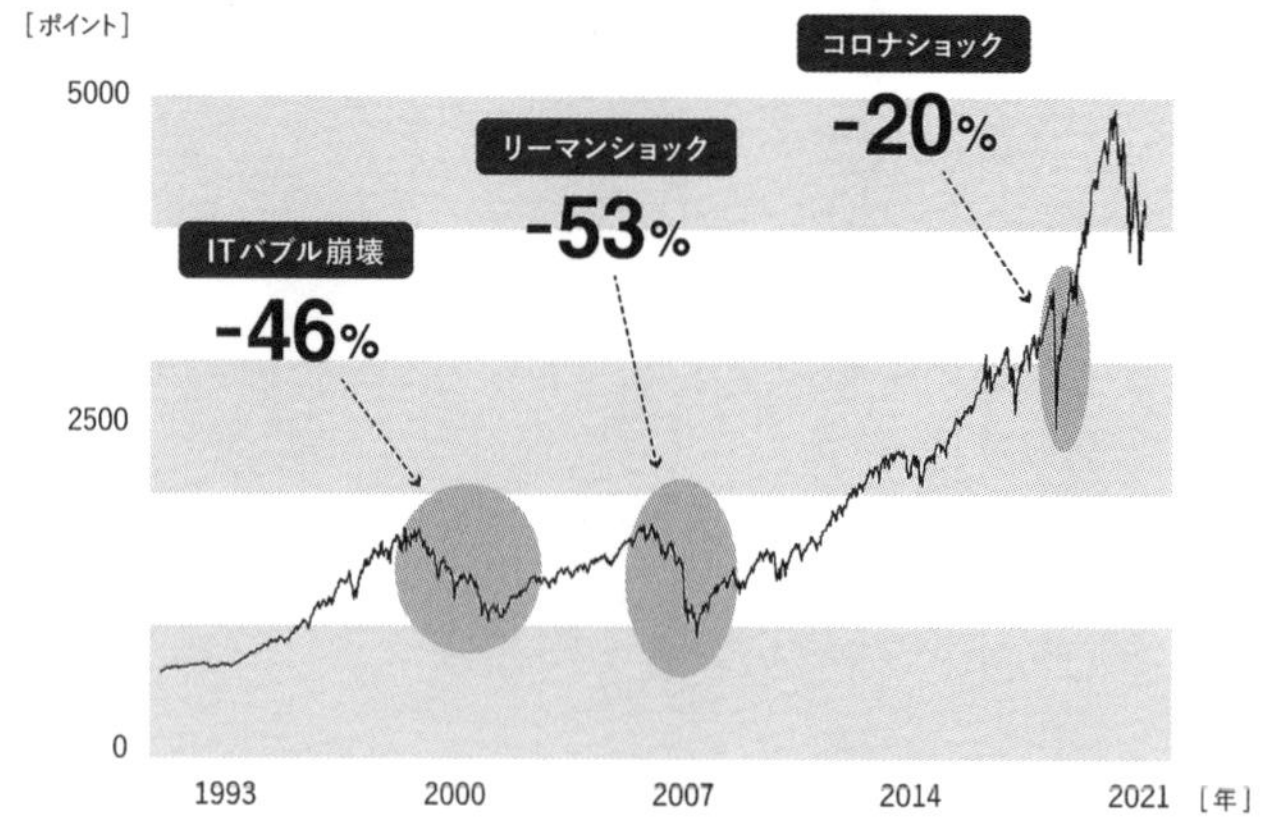

あなたは**自分の積立資産が半額になるような恐ろしい相場になっても、積立投資を継続できるでしょうか？**　もしもそのようなタイミングで運悪く急にお金が必要になってしまうと、大きな含み損を出した状態で現金を引き出さざるを得ません。

ごく一部の大型ハイテク株の不調で急降下することも

とはいえ、日本株に比べればはるかに大きく上がっているS&P500。未だに、30年停滞している日本株とは何かと比較されがちです。

しかし一部の銘柄を除くと、**日本株とほとんどパフォーマンスが変わらない**ことがわかっています。

p36の図5は、S&P500からGAFAM（Google、Amazon、Facebook、Apple、Microsoft）と呼ばれる巨大ハイテク企業5社の株を抜いたS&P〝495〟と日本のTOPIX（トピックス）の比較になります。

TOPIXとは、東京証券取引所プライム市場に上場する銘柄を中心に算出されている日本の代表的な株価指標のことです。

両者を比較した図5を見ると、S&P495は日本のTOPIXとほとんどパフォーマンスが変わらないのがわかると思います。ここから読み取れるのは、２０１０年代のＳ＆Ｐ５００の安定上昇はＧＡＦＡＭという巨大ハイテク企業の成長によるところが非常に大きいということです。

実際、２０２２年11月時点のＳ＆Ｐ５００の時価総額に占める割合は、この5社だけで30%以上。ここまで割合が大きいと、仮にＳ＆Ｐ５００に組み入れられている他４９５社の株価が堅調でも、**GAFAM5社が不調に陥った瞬間に引きずられてS&P500も下落しやすくなります。**

また、ＩＴ産業を中心としたハイテク株は景気がよい時は強さを発揮しますが、やがて

図5　S&P495とTOPIXの比較

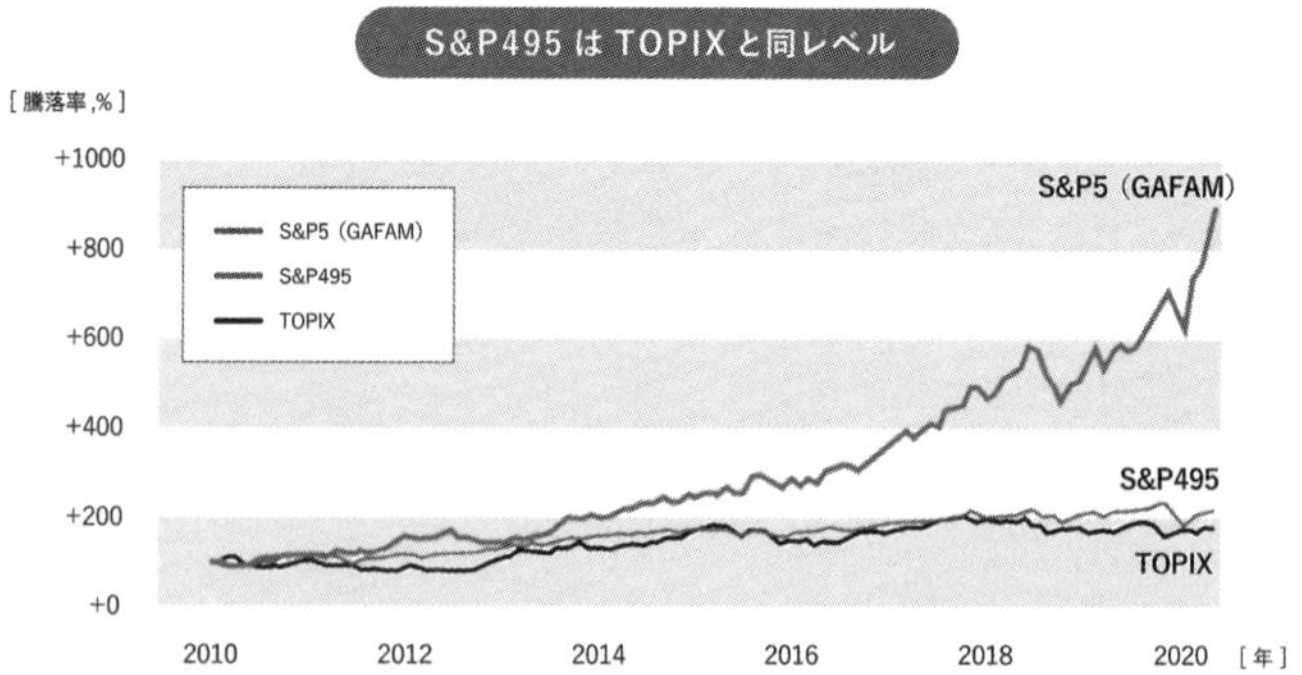

※10年1月の各終値を100とおいた場合の騰落率。休場日は前営業日の終値をプロットしている。
[出所] S&P500 指数、GAFAM 時価総額推移、日経平均株価指数データを基にオコスモ作成

※出典：ITmedia「S&P495で分かる　ブーム化する「米国株投資」に隠れた〝歪み〟」

景気が過熱してくると金融緩和が終了となり、それに伴う引き締め局面（＝景気をあえて悪くする時）では逆に弱くなります。もちろんS&P500に採用される企業は定期的に入れ替えを行っていますので、これから次の10年はアップルやグーグルに代わるような優秀な企業が出てくる可能性は高いです。

ただ、最近の巨大ITプラットフォーマーの発展の仕方を見ると、一部の企業に極端に資金が集まりやすく、それによりS&P500が左右されることも考えられます。そのため、500社に分散されているようで、実はごく少数の銘柄の動向に左右されてしまう危険性があるのです。

過去10年の上昇は低金利のおかげ

さらに、**過去10年のS&P500指数の上昇を語る上で見逃せないのが金利**です。

金利とは、企業が借金をして返済する際の利子（単位は％が多い）を指します。この金利の高低は、中央銀行が設定する政策金利によって左右されます。

中央銀行とは日本でいえば日本銀行（日銀）、米国ではFRB（連邦準備理事会）を指し、一般的な銀行とは違って貨幣発行や金融政策を決める権限があります。

簡単にいうと、景気が悪い時はお金を借りる会社が少なくなるので、お金を借りやすくなるように金利を下げます。この時、会社はお金を調達するコストが安くなり利益が残りやすくなります。株価にとって追い風なのは、この低金利です。

逆に景気が過熱してきて絶好調の時は、金利を引き上げることによって経済の過熱を抑えます。今度は資金調達コストが上がって会社に利益が残りにくくなりますので、株価にはマイナスです（p38の図6）。

２００８年のリーマンショック後の不況の下支え（相場をある水準以下に下げないように支えること）や、２０２０年の新型コロナ

図６　景気と金利の関係

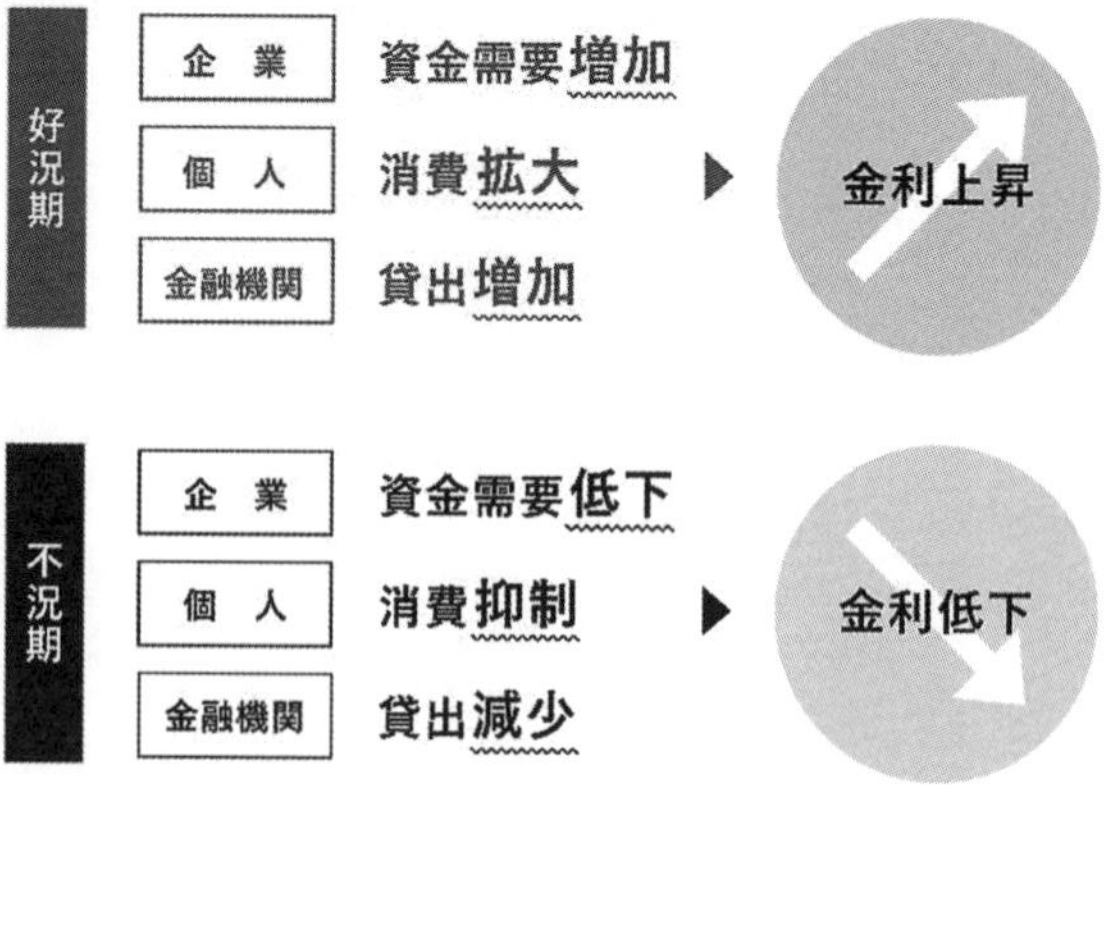

ウイルス蔓延による異次元の金融緩和により、ここ15年は金利の低い経済環境が長く続きました。その影響もあり、株価は長期間上昇し続けてきたのです。

ｐ39の図7の通り、ＦＲＢが設定するＦＦレート（政策金利）とＳ＆Ｐ５００の株価が見事に逆に動いているのがわかります。実際、２０１７年や２０２２年の金利の引き上げ局面で、それまで絶好調だった株価が不安定化しています。

そのため株式市場が過去10年好調であったのは金利のおかげともいえますし、今後も低金利政策が続くとは限りません。１９８０年には景気過熱による物価高を抑えるために、政策金利を14％まで引き上げたことがありま

図7　金利とS&P500の動きの関係

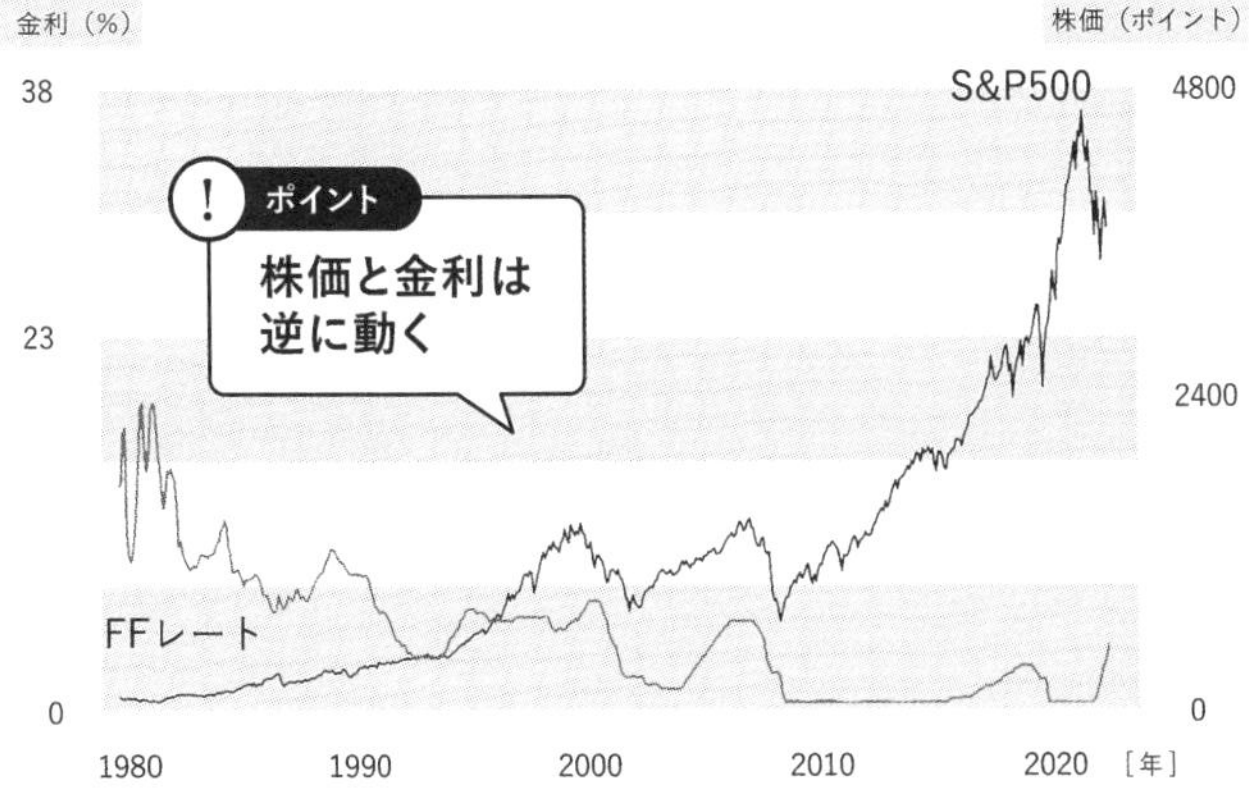

した。この時株価は大暴落していました。

現在においても、コロナショックの下支えのための大規模な金融緩和を行い、経済は1年も経たずV字回復しました。が、インフレを招いてしまい、それを抑えるために金利を高止まり（高いまま下がらない状態に）させざるを得ない状況です。この状況が長く続けば、**万能といわれたS&P500指数も長期にわたって停滞する可能性がある**でしょう。

60%以上の下落も……。為替変動の影響を大きく受ける

S&P500に投資する際のドル円レートも無視することはできません。

例えば2007年6月にS&P500指数を1単位買っていたとしましょう。当時のドル円レートは6月末時点で1ドル123円、S&P500は約1500ポイントでした。日本円にすると123×1500＝18万4500円です。

ところが、リーマンショックの後2009年の3月まで大暴落。S&P500は約700ポイント、さらにドルも1ドル97円にまで下がりました。この時の評価額は6万7900円。2007年6月から**下落率にして63%、11万円以上の損失**です。

もちろん積立投資であれば、株価とドル円が同時に下落する相場においても淡々と積み立てることが鉄則です。相場環境にいちいち振り回されてはいけませんし、停滞する時期が長いほどその間の安値で積み立てられる金額も大きくなります。安値でたくさん買っている分、相場が再び回復した時は大きく恩恵を受けられるでしょう。

しかし、株価が以前の高値を取り戻すまでには数年単位、下手したら10年近く時間がかかります。ドル円チャートにおいても長期で見れば75~150円を上下に推移していますが、円高（損）に振れた為替レートが円安（プラス）に振れるまでには10年単位で時間がかかります。

米国株だけでなく日本株においても、その時投資しようとしている株が属する国の通貨の強弱も見ないといけません。

3 大前提：同じ相場は絶対来ない

過去の成功パターンに乗ったら大破産を起こした

投資をこれから長く続けるのであればぜひ覚えておいていただきたいのですが、**同じパターンの相場は絶対に来ません。**似たような状況はあるかもしれませんが、値動きだけではなく経済環境や政治の状況も変わるので同じようには動かないはずです。

過去米国株が強かったからといって、これからも強いとは限りません（米国が経済的にNo．1であり続ける可能性は高いと思いますが）。そもそも30年ちょっと前のバブル期では、日本がNo．1といわれていた時代もあったわけです。全くあてになりませんよね。

時間軸は短いですが、私自身も**過去の成功パターンを盲信して大損**した経験があります。2017年の春先から9月にかけて、北朝鮮と米国の対立が高まった頃の話です。北朝鮮はミサイルの発射や核実験を再三行い、その度に相場が短期間に急落していました。私はその材料に乗り、北朝鮮関係のリスクが出たら、それを利用して空売りを仕掛けました。普段の取引は買いなのですが、一時的な急落局面では下落で利益を出す空売りが有効です。実際、この年は何度も空売りで利益を獲得してきました。

そして忘れもしない2017年9月3日。北朝鮮による過去最大規模の核実験があり、マーケットは敏感に反応。その時も同様に空売りを仕掛けました。

国連は制裁決議を発動させ、相場は恐怖に怯えましたがまもなく反転。打って変わって大きく上昇し始めたのです。10月にかけて日経平均は、過去最長の16連続上昇を記録しました。私はこの時空売りを仕掛けて入れましたので、上昇は損失になります。含み損がみるみる拡大し、レバレッジもかけていたので結果的にロスカット（損切り）する頃には、**当時の全財産の3分の1を失うという大失敗**を経験したのです。

この時は確かに過去のパターン通り、相場は北朝鮮の材料に反応しました。「北朝鮮が弾道ミサイル発射➡東アジアに緊張が走り経済活動に影響が出る➡企業の利益が下がる懸念が発生➡株価が下落する」という流れです。

この時に関しては、核実験という戦争一歩手前の強い材料でした。それまでは牽制《けんせい》するような発言で留めていた国連も、北朝鮮に対する制裁決議まで採択。

一歩間違えれば戦争という最悪な状態でしたが、ただ「これ以上最悪な状況」はもうありません。そうなると不思議なことに材料出尽くしの状態となり、株に買いが入って反転上昇したのです。

この材料出尽くしについては後ほど解説していきますが、当時の私はこの変化を見破ることができず、ただ過去のパターンに当てはめてやっていたので失敗したのです。

ここまでは空売りの例でしたが、株式の上昇を狙った場合でも同じです。上昇相場の時は一時的に下落したタイミングで買いを入れる「押し目買い」が通用しますが、もし相場自体が下落トレンドになった場合、逆に損失を拡大させる行為になります。

このように、過去の成功パターンにとらわれず、チャートだけではわからない相場の変化に気づいて対応しなければいけません。

ですから、2021年までトレンドだった「米国株のS&P500を買っておきさえすれば大丈夫」といった風潮にはかなり危険性を感じましたし、**実際2022年は大きな下落に見舞われています。**

ちなみに私は何もS&P500の積立投資を否定したいわけではありません。むしろ誰にでも取り組みやすく、資産形成の入口としては大変有効だと思っています。

ただ、投資を1年以上やってきて知識が増えてくると「これさえやれば」といった安心できる勝ちパターンを求めがちです。投資教育の現場にいる人間として気持ちはよくわかるのですが、そこが落とし穴。

次の章では、本書のテーマでもある「投資2年生」が陥る失敗パターンについて、私の経験を交えて話していきます。

第2章

累計2万人以上の受講生から見る「投資2年生」がやりがちな失敗

――偏った情報に振り回され、チャンス損失どころか
大損害を被った実例の数々

① 満足度わずか18%。衝撃を受けた受講生アンケート

高度なテクほど理解できず失敗しやすい

この話をする上で欠かせないのが、私が金融教育業の会社に入社した直後、有名投資家が教えるスクールの担当に就いた時のことです。

その有名投資家は自身のトレードで毎年何億も稼ぎ出し、教え子の中からも億トレーダーが輩出されるような高い能力の持ち主でした。お人柄も素晴らしく、何も知らなかった私が投資を始めようと思ったきっかけの方でもあります。

ただサービス開始当初、受講生にとったアンケート結果は今でも忘れられません。なんと回答結果のほとんどが低評価だったのです……。「満足している」と答えた人は全体のたった18%でした。

理由は「ロジックが感覚的」「わかりにくい」「自分には同じようにできない」など、言

語化に関する不満が圧倒的多数でした。すごい投資家が先生だから、きっと受講生も感化されて満足しているだろうと思っていた当時の私には、衝撃的な出来事でした。

その後いただいた意見をもとにサービス自体は改善できましたが、よく考えれば教育業というのは厳しい世界。予備校に通っても生徒全員が志望校に合格できるかというとそうではなく、望む結果を手に入れられるのは全体の20~30%かと思います。目標通りの結果が出ない70%の中には、本人が努力しなかったケースもあるでしょうが、教える側の問題もあります。

名選手、必ずしも名コーチにあらずといわれるように、能力が高い人の中には、自分のやっていることを人に言語化して伝えるのが苦手な方が一定数います。

スキルが高度になればなるほど、言語化して他人に再現してもらうのは並大抵のことではありません。

まして投資は、リスクを負って答えのないところにお金を投じる複雑な世界。答えが決まっている資格試験などと比べても難易度は段違いです。

この出来事があってから、私はとにかく伝える時には「言語化」「再現性」を徹底することを決意。また、受講生やYouTubeの視聴者の方などの様子を見ていると、**既に投資をしている人だからこそやりがちな失敗や悩みが共通していることにも気づきました。**あなたにも当てはまるかもしれませんし、もしこれから積立投資だけでなく、個別株などもも始めようと思うのであれば、必ず把握しておいてください。

② 投資2年生がやりがちな失敗パターン

【失敗1】SNSで話題の銘柄に飛び乗る

古くはYahoo!掲示板、2010年代中盤からはTwitterの株クラスタ（通称株クラ。株式投資を話題にするSNS上の集団のこと）、2020年頃からはYouTubeと、個人投資家がネットで情報収集する環境が移り変わってきました。

ネット上の情報は無料で手軽に手に入りますし、話題の銘柄がすぐにわかります。しかし、SNSで話題になっている銘柄に飛び乗るのは本当に危険です。それで失敗してきた個人投資家を多く見てきました。理由は次の通りです。

SNSは感情のメディアのため、目を引く情報ばかりが拡散される

TwitterやYouTubeなどのプラットフォームは、広告収入で成り立っています。運営企業は広告収入を得るために、インプレッション（表示回数）を最大化することを目的としています。すると反響が大きい投稿の表示回数を、運営会社はより増やそうとするのです。

反響が大きいとは、「いいね」「リツイート」「再生回数」などが多いことを指します。そのような投稿は、多くの人の感情を揺さぶるキャッチーなものが目立ちます。その結果、**投稿の内容が正確か・本質的かは二の次となりがち**です。

例えばわかりやすくいうと、「大物投資家の○○さんが買った銘柄」「この会社の事業は他にはなく将来有望！　なのにまだ安い」「これから○○の理由で大暴落が来る」など、主観的で感情を煽《あお》る表現になります。

私が運営しているYouTubeも、サムネイル（再生前に表示される画像）に「暴

落」や「買え」といったワードが並ぶと、大きく反応を取りやすいのが実際のところ。付け加えると、得てして人の感情というのは**ポジティブよりもネガティブに引っ張られやすい**ということもあります。「これから株の冬の時代が来る」なんて言われると、それが的を射ていない私見であっても、怖くなって売らなくてよい株まで売ってしまうかもしれません。

最高値で買ってしまうケースが多発

SNSで話題になるような銘柄は、一日に十数%も値上がりするような急上昇銘柄が多いです。それがさらに人の感情を煽り、キャッチーな表現と相まって**「買いたい欲→高値掴み（株価が高いタイミングで買ってしまい、その後値下がりしてしまうこと）」を誘発するの**です。「みんなが儲けているのに私も乗り遅れたくない！」みたいな心理ですね。

この状態はとても危険です。

まして急上昇銘柄というのは、時価総額が1000億円に満たないような小型株も多いです。するとSNSの情報だけで株価が上下に激しく動いてしまいます。結果、一部の逃げ足が速い投資家を除いて、ほとんどの人が大損を被ってしまうのです。

ですから、私は**日中、ＳＮＳの情報を見ないことを推奨しています。**ニュースなど情報の収集には便利ですが、後で詳しくお伝えしますけど、日中だと仕事に集中できなくなりますし、それでのめり込みすぎると感情を煽られ判断を誤る可能性が高まるからです。

あなたももしかしたら、きらびやかな生活を見せつけるインフルエンサーの投稿を見て嫉妬のような感情を抱いたことがあるかもしれません。以上のことからも、ＳＮＳの話題銘柄には飛びつかないのはもちろん、自身の人生を有意義に過ごすためにも、ＳＮＳの情報からは一定距離を置いていきましょう。

【失敗2】売買の根拠が「ストーリー」「夢」

これも本当に多くて困っています。「ストーリー」や「夢」を推奨する株式投資本もたくさんありますから。

投資では将来伸びる業界や会社にお金を投じることで、ハイリターンを得ることができます。その会社が置かれた業界や環境のポテンシャルを、私も投資判断の際に重視しています。

流れのあるところに乗るということですね。ところがその思惑が行き過ぎてしまい、夢物語のようなストーリーを根拠に投資するのは危険です。

近年は気候変動が無視できないレベルで悪化してきていますが、自然環境に優しい再生可能エネルギー、電気自動車が急速に普及してきています。米国株のテスラは、コロナ禍で株価が10倍以上になりました。

他にも、食料問題を解決する農業テクノロジー、第3のIT革命といわれるブロックチェーンやメタバースなど、先進的なテクノロジーへの投資はとても魅力的に映るかもしれません。しかし、です。**その企業が成功するストーリーを夢見て、会社の実態を無視して投資するのはリスクが大きく伴います。**

事業は有望でも「株価」の評価は全く別

会社自体は赤字でビジネスとして成り立っていないのに、「将来大化けする」というストーリーや期待で買われている場合は、特に要注意です。

こういったストーリーで買われる銘柄は実体がなく、ひとたび成長が鈍化したり相場環境が悪くなったりするとボロボロに叩き売られることがあります。

例えば、米国の代替肉の有望企業であるビヨンド・ミート（BYND）。バーガー、牛ひき肉、鶏肉などを模した植物由来の人工肉を提供しています。製品は米国やカナダをはじめ世界83カ国で販売されています。

マクドナルドやヤム・ブランズが導入するなど、革新的なテクノロジーで食料不足や環境問題の解決に一役買う存在です。その期待もあって2019年の上場以降、株価は5倍近くに。時価総額は一時20兆円を超えていました。

しかし、2019年12月期に営業利益で黒字化しただけで以後、2022年12月時点まで全て赤字。

株価の割高感とマーケット環境の悪化もあり、約20分の1に株価は急落（2022年11月時点）しました（p55の図8）。

図8　ビヨンド・ミート（BYND）の週足チャート

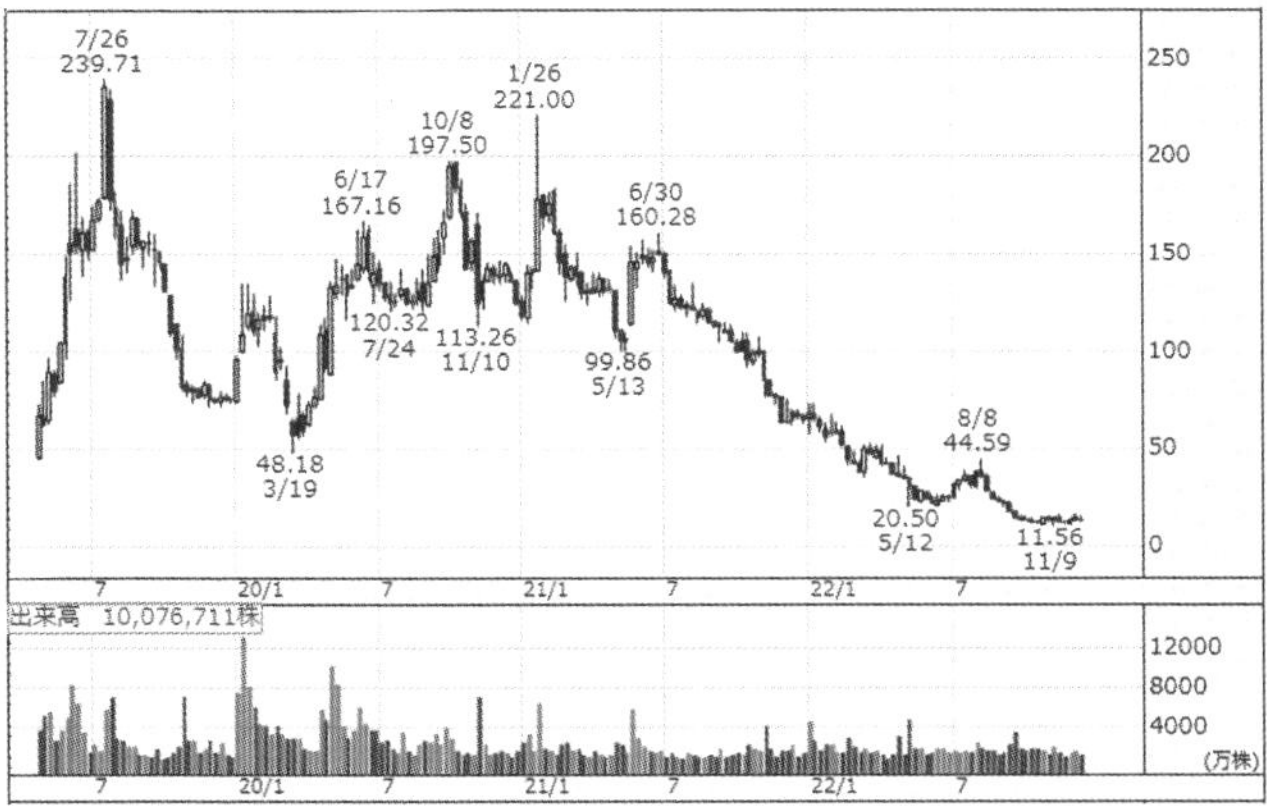

※引用：株探（https://kabutan.jp/）

大麻関連企業に投資するＥＴＦである
ETFMG Alternative Harvest ETF（ＭＪ）。世界的に合法大麻の受け入れが広がりつつあり、新たな成長産業として期待されています。

しかしこちらも、２０１９～22年の３年間で株価が10分の１にまで下落（ｐ56の図９）。大麻やマリファナの合法化が実現すれば爆発的な成長が期待できるものの、そもそも合法化にはまだまだ至っていません。

もしも合法化が頓挫した場合は、**大打撃どころか企業として存続すら困難**でしょう。

このような大きく成長が期待できる銘柄をハイパーグロース株と呼びますが、業績がよくないのにストーリーだけを根拠に長期の成長株として買った個人投資家は含み損を抱え

図９　ETFMG Alternative Harvest ETF（MJ）の週足チャート

※引用：株探（https://kabutan.jp/）

ています。

もちろん、この先成長が望めるビジネス分野の企業は多数ありますし、成長ポテンシャルも高いです。投資した資金をしばらく放置できるのであれば問題ないでしょう。

しかし、個人投資家のほとんどは限られた資金でやっており、長期間で50％、下手したら90％近いマイナスを塩漬けにするのは致命的です。**資金がロックされていなければ別の銘柄も買えたので、機会損失にも繋がります。**

将来の成長ストーリーを期待して銘柄を買うのは楽しいですが、事業として成り立っていない会社も少なくなく、大きな危険性をはらんでいることを理解しないといけません。

もちろん20年前のＡｐｐｌｅやＧｏｏｇｌｅ株のように初期段階で投資し長く持っていれば大きなリターンを得られるかもしれませんが、そうなる保証はありません。頓挫する会社が大半でしょう。

急成長が期待される銘柄への投資は、マイナスで長く資金を拘束されるのを覚悟し、それを理解した上でするのであれば問題ないと思います。ただ**確率が高くない上、買うポイントを間違えると一気に資産を減らしますので多くの方にはお勧めできません。**

【失敗3】チャートの形だけで判断する

チャートがダメではなく、チャート「だけ」がダメ

株式投資で値動きを予測する最もポピュラーな手法として、チャート分析が挙げられます。株価の値動きを示したローソク足の推移を見ながら予測し、売買を判断するものです。**私も最終的な投資判断はチャートを見て行いますが、チャートの動き「だけ」で判断するのはお勧めしません。**よっぽどの運に恵まれない限り、まず上手くいかないです。

特に個人投資家に人気なのが「移動平均線」。移動平均線とは、一定期間の株価を結んで平均化した折れ線グラフです。

これによって、トレンドの方向や売買ポイントを探ることができます。オーソドックスなものですと、日足の5日・25日・75日の各移動平均線、週足の13週・26週の各移動平均線がよく使われます。

p60の図10が、実際の日本郵船の日足チャートで、5日・25日の移動平均線を組み入れています。

2020年3月に新型コロナでほぼ全ての銘柄の株価が下落する「全面安」まで、25日移動平均線がローソク足の上にあります。ローソク足の上に移動平均線があり、抜けないように覆いかぶさっているのを抵抗と呼びます。

この状況であれば株価が上がっても、25日移動平均線【MA(25)】にローソク足がタッチする前にいったん売却するのが規則性から見て正しいです。もしくは、下落を見込んで空売りを仕掛けてもいいでしょう。

しかし、2020年4月以降株価は急反発を始め、4月中旬に25日移動平均線に株価は達しましたが、抵抗に負けて下落することなくもみ合いながら6月の中盤まで上昇。

7月に一度25日線を割りますが、その後また反発して年末にかけて上昇トレンドを描いています。結果的に2020年の年末は、同年4月時点の株価のほぼ2倍になりました。

もし4月の時点で25日移動平均線にローソク足が達したので、抵抗を根拠に買っていた株を手放すという判断をしていたら、年末までの株価2倍の上昇を取り逃がしていたことになります(※その後日本郵船は、株価4000円まで急騰し10倍になりました)。

このように、**ある時期までは機能していたチャート上の法則が、ある時期を境に全く通用しなくなることがよく起こります。移動平均線ばかりに気を取られることによって、チャンスを逃す典型例**です。

今度は同じ日本郵船でも、週足のチャートを見てみましょう（P61の図11）。コロナ禍における海運運賃の高騰で、業績が急回復。中長期で株価上昇していますが、その途中で乱高下を繰り返しています。

例えば、2021年9月27日や2022年3月18日を頂点に株価が下落していますが、この時は配当金の権利落ち日を間近に控えて、それまでの上昇による利益を確定する動きで株価が下落したといわれています。

図10　日本郵船の日足チャート

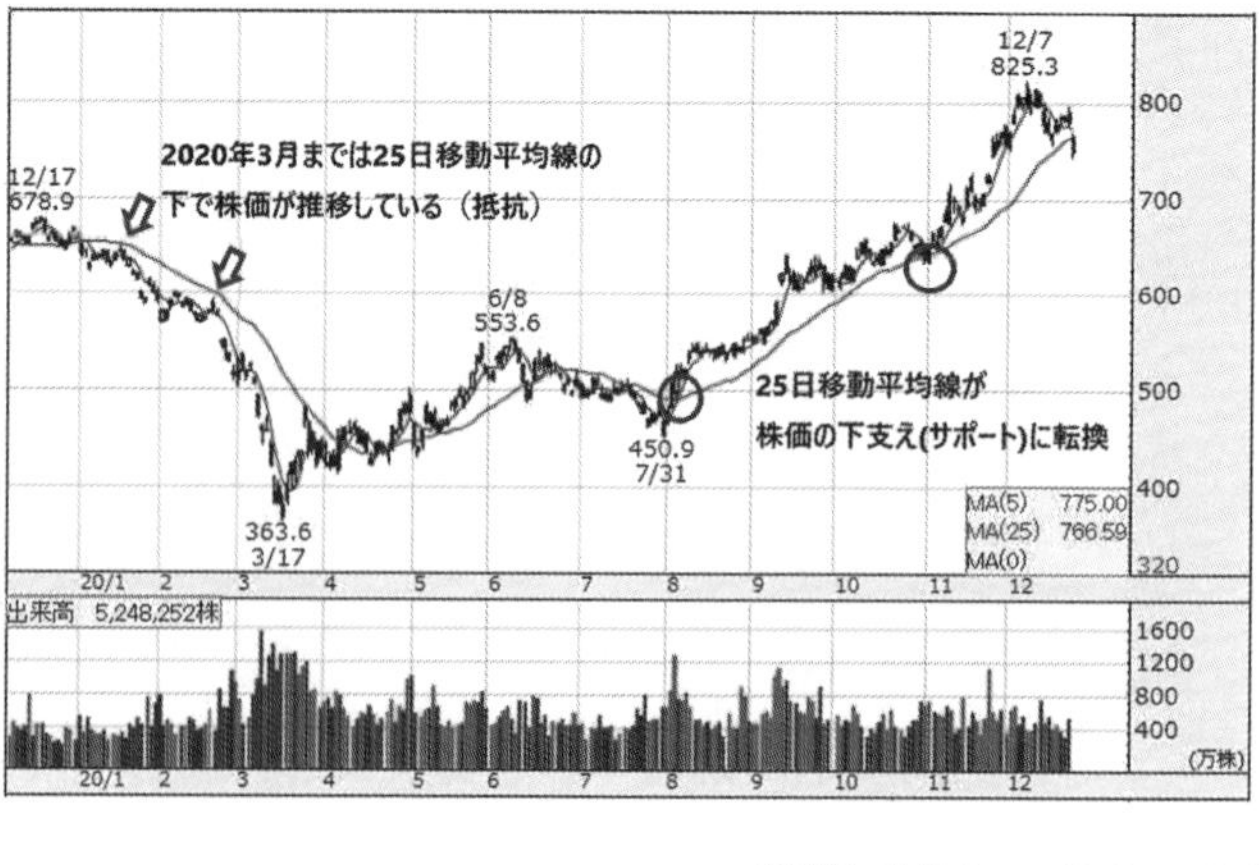

※引用：株探（https://kabutan.jp/）

それでも図にある通り、26週移動平均線にタッチして株価は持ちこたえ、何度か反発しているのもわかるでしょう。このような動きをする際の移動平均線を支持線（サポートライン）といいます。

ただし、2022年の9月に26週線にタッチしてから反発するかと思いきや……、大きく下落。この時は配当権利落ち日を通過した後という点に加え、株式分割、さらに日本郵船の収入源である海運の運賃価格が大幅に下落したことが株価下落の要因といわれています。

それなのに、8月の末までにサポートラインとして機能していた26週移動平均線にタッチしたのを根拠に買った投資家は、大きく含

図11　日本郵船の週足チャート

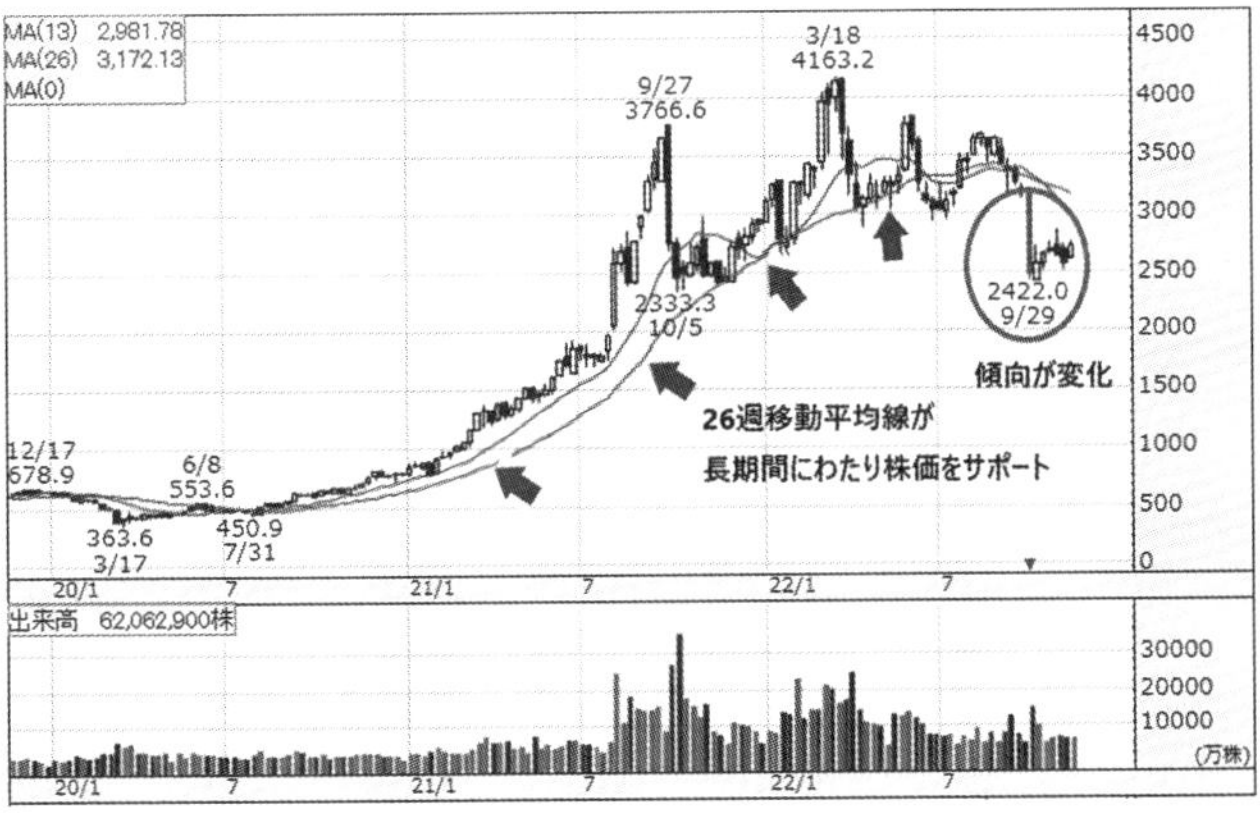

※引用：株探（https://kabutan.jp/）

み損を抱えているはずです。

このように、チャートの動きだけで株価の先行きは判断できません。個人投資家の方でもチャート分析の知識はプロ並みにあるのに、実際の売買では全然勝てていない人を何人も見てきました。

それは仕方のないことです。この後の章でも解説しますが、様々な要因が絡んで株価は決まるからです。むしろ**株価の変動理由を「これだ!」と1つに限定するほうが難しい**のです。

よく考えればわかるのですが、移動平均線は株価の終値を結んだだけの線です。**「移動平均線がサポートラインにタッチしたから株価は反発する」といった予測をよく見かけますが、何の根拠もありません。**気のせいです。

ですから私は、チャートだけでは絶対に判断しません。あくまで「現時点まで価格がどう推移してきたか」がチャートなのです。

基本的には相場環境や企業の成長性、株価の割安さを見た上で、最後に「株が今売られすぎていないか?」「トレンドは転換したか?」といった判断の参考にだけチャートを活用するようにしています。

【失敗4】短期売買を繰り返す

短期間に売買を繰り返すのも勧められません。特に資金が限られる個人投資家は、どうしても早く利益確定をしようとするため、その後の大きな上昇を取り逃がすケースを頻発させています。

さらに、目線が短期だとこの後紹介するような全体相場を見られていないため、勝ちにくい時期にも売買し、結果的に資産を減らします。相場全体が過熱している時だと高値で買ってしまうリスクもあります。

そもそも、チャートの動きを読むこと自体が簡単なことではありませんし、読めていたとしても心を揺さぶられて判断を誤ります。

経験上断言できるのですが、**長く相場に残っている投資家は「中長期投資家」が圧倒的多数**です。ウォーレン・バフェットなど世界的な投資家はもちろん、これまでの仕事でかかわってきた上手くいっている受講生さんを見ても共通しています。

短期売買で勝っているトレーダーも確かに存在しますが、成功している人はごく稀な存在です。投資以外にも日常で多くのことをこなさないといけない個人が再現するのは無理がありますし、**再現性で考えると「暴落時のみ買う」中長期投資が私は最も向いている**と考えています。

それも、つみたてＮＩＳＡのような投資信託はもちろん、個別株も組み合わせるとさらに強力です。

第3章

資産形成が加速する個別株投資をやってみよう!

――思ったよりも手堅く、難しくない個別株投資の世界

1 1年で投資信託の10倍以上もザラ！ 個別株投資の魅力

個別株も大損失を防ぐシンプルな方法がある

第1章で解説した通り、**積立投資には長期間ゆえのリスクと継続する難しさがあります。**無理のない資金で続けるのが一番ではありますが、そうなると金額的に満足いく資産を作るのに長い年月がかかります。それであれば積立投資自体は続けつつ、個別株投資に取り組んでリターンを上げる選択肢もぜひ視野に入れたいところです。個別株投資とは念のために改めて簡単に説明すると、特定の会社の株式を売買することです。

ただ、会社に投資するというと、業績や会社の商品を知らないといけないし、ハードルを高く感じる方が多いです。その感想はもっともで、個別株投資のハードルとして「個社要因」が絡んできます。

例えば、会社のサービスの売れ行きが好調で業績が成長すると、将来の利益期待から株が人気化し大きく値上がりします。逆に、決算で前年を下回る業績を出したり不正会計などの不祥事があったりすると、途端に株が投げ売られ株価が大きく下落するリスクがあるのです。

これを見極めるのは、確かに簡単ではありません。会社の株価が2倍、3倍、時には10倍になって大きなリターンを得られる一方、その逆で大損することもあるのです。

ただし、**私が投資2年生へ提唱する高配当・増配株の長期投資であれば、銘柄選びのポイントはシンプルですし、それに加えて適切な資金管理ができれば、仮に1銘柄が暴落しても資産全体で大きく減らすことはありません。**

インデックス投資であれば年間で＋10％も上がれば上出来ですが、個別株を暴落時に買うことができれば1年で倍以上（＋100％）、時には10倍も狙えたりします。

1年という時間の長さをどう捉えるかは人それぞれだと思いますが、数十年経たないとまとまった利益が出ない長期積立投資に比べて「ちょっと先の将来」のお金を作るのに個別株投資は有効です。ここからはそのポイントについて解説していきます。

②

2つの儲けが得られるキャピタルゲイン＆インカムゲイン

株価が30％下落してもプラスになるのはなぜか

株式投資には2種類の儲け方があります。値動きの変動を利益に変えるキャピタルゲイン、保有している資産から定期的に生まれるインカムゲインです。

キャピタルゲインは「安く買って高く売る」「高く売って安く買い戻す」といった変動による価格差を取ります。大きく儲けることができ、一般的な株式投資はこのキャピタルゲインがイメージされやすいです。

一方のインカムゲインは、配当・利子・家賃など、その資産が生み出す収益を得ること。不動産投資の家賃収入がイメージしやすいですが、債券の利子、株であれば会社が生み出した利益の一部を株主に支払う配当がそれにあたります。

私が推奨する高配当・増配株はいずれも「配当＝インカムゲイン」がある銘柄です。

インカムゲインの場合はモノによりますが、1年で投資した資金の1～10％程度の収益になるのが一般的です。キャピタルゲイン（値上がり益）に比べると利益としては小さいですが、その株価の上下にかかわらず安定的に入ってきます。高配当な銘柄であれば、投資した資金に対して1年で5～10％程度の配当金を得られることも。

ある意味、あなたが買った地点から株価が値下がりしても、5％の配当金があればインデックス投資の年平均リターン（＋5％の値上がり）と同じリターンを得ることができるのです。

年配当利回り5％の株を持っていたとして、仮に株価が30％下落しても、6年間保有すれば5％×6年＝30％でトントン。利益に掛かる税金20・315％を差し引いても8年でおつりがきます。

あとは株価が復活するまでひたすら待ち、十分に上がったところで利益確定すれば損切りで元本を減らす心配もありません。

もちろん、長期で下落するような銘柄を避けるのが大前提ですが、あなたの目論見と異なる方向に株価が動いてもじっくり、落ち着いて保有を続けられるのです。

そして、**高配当・増配株を暴落期に買えば、底値からの値上がり益と高い配当金が両方手に入る上に、頻繁に売買する必要もありません。**

3 個別株投資のリスクと防ぎ方

個別株投資にハイリスク・ハイリターンの側面があるのは否定しません。しかし、より早く資産形成したいのであれば、ある程度チャレンジする価値はあります。

では、どのように始めたらいいのか？　具体的な銘柄選びのための指標については第5章で解説しますが、ここでは大まかな私の投資スタンスについて理解していただければ幸いです。

【ポイント1】業界に成長性がある

大前提として、私は長期的に成長が期待できそうな「業界」に投資をします。会社単体を見る前に、もっと上空から全体を俯瞰《ふかん》するために業界を見るわけです。

例えば、今から

・マスメディアに投資をするとして、「新聞業界」と「Web業界」
・日用品メーカーでは「日本の子ども向け業界」と「同高齢者向け業界」

どちらが将来的に売上・利益が伸びそうでしょうか？　明らかに、どちらも後者（Web業界、高齢者向け業界）ですよね。

実際、衰退だといわれている会社の株価は長期では伸びないことがほとんど。株価は企業の利益成長に連動しますので、全体として追い風が吹いている業界に投資したほうが難易度は低いです。**会社個別で見るよりも前に、もっと大きな括りである業界を見てふるいにかけて勝率を上げる**わけです。

もしあなたがコロナ禍より前から株式投資をしていれば、デリバリーやオンライン通話企業の株価が大化けしたのをニュースで聞いたことがあるかもしれません。

業界自体が成長していると、パイが拡大しているので競合企業同士でも一緒に成長することができます。この逆になると、パイの奪い合いで消耗戦になるということ。

ただし、業界の成長といっても**「急成長」である必要はありません。**多くの人が注目する急成長産業よりも、緩やかに拡大して**この先少なくとも10年、15年後も堅調な業界のほうが長期投資には向いている**と思います。

電気自動車やＡＩ、メタバースなど、急成長業界は話題が先行して株価が実態以上に高くつき、実際のビジネスが本格化する頃には上がりにくくなることもあるからです。

【ポイント2】高配当・増配株を選ぶ

私のメイン投資はやはり「高配当・増配株」であり、株式投資2年生にもお勧めしています。それにはいくつか理由があります。

配当を出すほど稼げている

そもそも、企業は必ず配当を出す必要はありません。

まだ赤字のベンチャーやグロース企業（急成長が見込める企業のこと）は、儲けたお金を株主還元せず事業成長にフル投資します。事業投資は企業の規模にかかわらず行われますが、それに加えて毎年配当を安定して出している会社は、**「事業としても安定して稼げている＝長期で株価が安定しやすい」**といえます。

増配するほど利益成長している

さらに、毎年増配している企業も注目です。増配とは、配当金を前年実績より増やすことを指します。

配当金の原資は会社の利益ですが、前年より配当を増やすということは、普通は利益も増えていないとおかしいですし、長く続きません。

ごく一握りではありますが、配当金も利益も毎年成長している会社があります。長期間利益成長していれば、**保有期間が長いほど配当金が増え、株価も上昇トレンドを形成しやすい**です。

業界で一定シェアを持っている

一言でいってしまうと、**王道の有名大企業の株を買いましょうということ**です。

大企業というと成長性がなさそうに思われますが、そんなことはなく、**世界に通用する企業が日本にも多数存在**します。

もはや「日本の大企業＝グローバル企業」なので、豊富なリソースを活用してM＆Aを行ったり海外で事業展開したりと、年々拡大しています。

また、国内の通信3社、電力会社、米国のアマゾンやグーグルのように、**インフラとしてなくてはならない存在になると、そう簡単に事業が脅かされることはありません。長期で利益が安定し、キャッシュも潤沢なのでまず倒産などの心配も小さい**です。

配当目的の買いが入り底堅い（株価が下がりそうで下がらない状態）

株式市場が暴落した時こそ、高配当株はインカム目的の買いが入るため**下落幅が抑えられ、安定しやすい**傾向にあります。長期保有をしているとどうしても暴落期に遭ってしまいますが、それでも下がりにくく安心して保有を続けられます。

【ポイント3】銘柄・業種を分散する

「卵を1つのカゴに盛るな」という投資の格言があります。1つのカゴだけだと落とした場合に全部の卵が割れてしまいますが、別々のカゴに卵を分散していれば割れるのは一部で済むということです。

これは個別株投資も同じで、**異なる業種の銘柄を持つことで、万が一の事態があってもダメージを分散できます。**

例えば、日本の3大メガバンク「三菱UFJフィナンシャル・グループ」「三井住友フィナンシャルグループ」「みずほフィナンシャルグループ」の銀行株だけに全額投資していたとしましょう。この場合、金融危機が起きてしまうと銀行株は暴落し、大きく資産を減らしてしまいます。

別の例で、トヨタなど海外展開の比率が高い大手自動車メーカーの株ばかりに投資していると、円安局面では収益を伸ばせますが、円高に振れると海外からの売上が減って大ダメージを受けます。

そこで景気変動への強さを加味し、例えば「銀行」「機械」「商社」「自動車」「化学」「通信」「日用品」「電力」といった具合に分散す

図12　複数の業種への分散投資のイメージ図

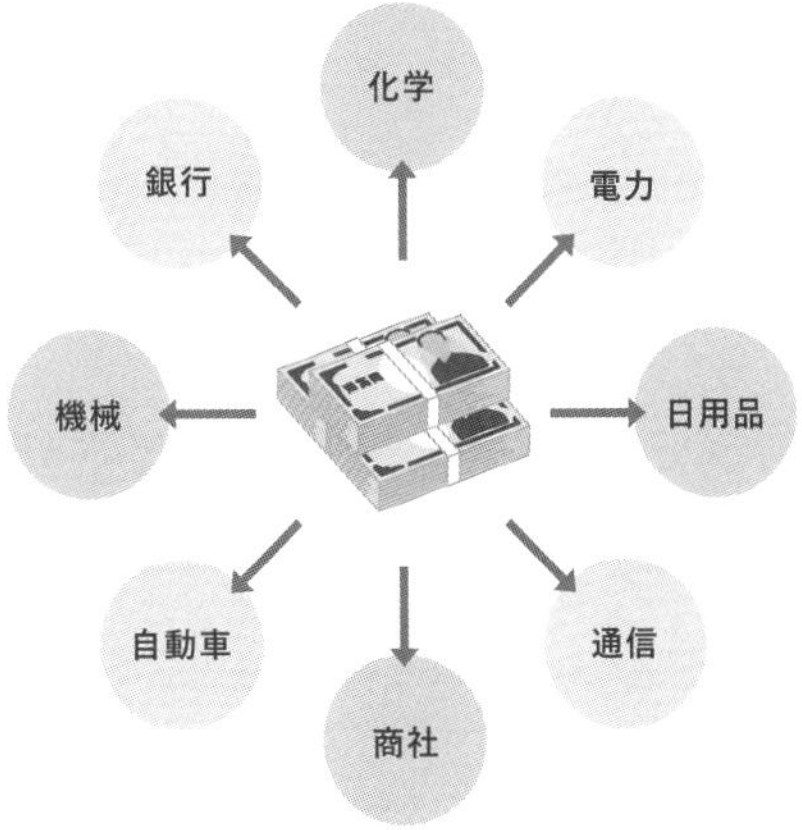

※画像提供：ピクスタ、Icon-rainbow

ることで、下落リスクを低減することができます。

ただし、**何十銘柄にも分散させる必要はありません。**最初は異なる業種で2〜3銘柄の保有で問題ないです。

コレクションのように銘柄を大量に持ってしまうと管理ができなくなりますし、1銘柄が急上昇しても全体の資金が微量にしか増えないため、パフォーマンスも悪化させます。

【ポイント4】チャート上で売られ過ぎている時だけ買う

株価を判断する上での基本は「業績」です。プラスして将来の成長性が見えればいいでしょう。ただし、最後の売買判断はチャートで見ます。業績がよかったとしても、そもそも今の株価がそれを織り込んで高くついているケースが往々にしてあるからです。

例えば、2021年に一世を風靡《ふうび》した米国のハイテク成長株。理論上では数十年、場合によっては100年以上の利益を織り込みかなり割高な水準でしたが、結果的に金融引き締めにより暴落しました。

高配当株の仕込み時も、大きく売られている時を狙うといいでしょう。仕込み時についてはこの後の第4章で解説しますが、**チャート上のテクニカル分析で売られ過ぎのライン**

にいる銘柄を買いに行きます。

【ポイント5】投資する理由を決めて、それが覆《くつがえ》ったら売る

投資で最も難しいのが「売り時」。はっきり言って、明確な答えはありません。ファンドで何千億円も運用するような歴戦のプロでも、売り時のよい判断はなかなかできないものです。

もしあなたが個別株投資を1年以上していれば、保有株が急上昇して「まだ上がる！」と思いながら、欲張ったその時が天井でズルズルと株価が下がり、結局利益を取り逃がしてしまったという経験が一度はあるはず。

ただ、株の売却タイミングはいくらであっても利益になっていれば成功だと思います。デイトレで小さな値幅を取りたいのか？　長期で大きく伸ばして利益確定したいのか？　時間軸によっても基準が変わりますし、あまり頭を悩ませないほうがいいです。

それよりも私が売り時の基準として勧めるのは、次の通り。

- **「投資した理由」があり、それが変わらない限りはひたすら保有**

・ただし、その投資した理由という前提条件が覆ったら売る

という極めてシンプルなもの。

その時に利益が出ているか、損切りになるかは関係ありません。理由が覆れば、問答無用に「売り」の一択です。

例えば、

・高配当を理由に買ったのに減配になった
・急成長企業だったが業績の成長が鈍化した
・新型コロナ発生時の航空や石油のように、事業環境が悪化し成り立たなくなった
・高値越えのチャートの形をしていたが、下落した
・思わぬ不祥事が出た
・思いがけずその銘柄の注目度が上がり、急上昇した

など、あなた自身が思い描いたプランと違ったことが起きた時に、株を売却し現金化します。利益確定でも損切りでもなく、大事な資金を株から「撤収」させるイメージです。

結果的に間違っていても、「自分で考えてその通りに株価が推移したか？」というPDCAを回せます。そのため、**仮に損切りになったとしても、次の投資に活かせる**でしょう。

このように「投資する理由」を考えるようにすれば**適当に買いませんし、高値掴み（相場の高いところで買ってしまい、その後、値下がりすること）を防げる確率も上がります。**

4 兼業投資家はむしろチャートを見ないほうがよい

投資の原資は仕事でしか稼ぐことができない

私たちの受講生を見ると、サラリーマンなど日中お仕事をしている「兼業投資家」が8割に上ります。彼らの多くは、日々の株価チャートをお昼の休み時間やトイレ休憩などでチェックしているのですが、仕事の時間に株は一切持ち込まないほうがいいです。

あなたの年齢が70代以下なのであれば、資産形成は何も投資1本だけではなく、おそらく原資となる労働収入が得られる状態だと思います。

そうであれば、**日中は労働収入を最大化するために仕事に全力コミットし、投資の判断にかける時間は最小限にしてください。**

当たり前ですが、年収400万円の方と同1000万円の方では、日々の生活費を差し引いた後に投資に使える金額が大きく変わってきます。

投資金額が大きいほうがまとまった資産を生み出しやすいですし、金額が大きくなれば成果を大きく上げるための負荷も減ります。

例えば年間500万円を稼ぐのに、資金100万円であれば5倍にしないといけませんが、資金が1億円あれば年間で+5%の利益を出せば達成です。5%という数字は積立投資でも個別株運用でも無理のない変動幅ですし、原資の金額が大きくなればなるほど投資のハードルは低くなります。

そこで1円でも多く稼ぐために、あなた自身の仕事でのパフォーマンスを高めなければいけません。しかし、日中も株価を気にして仕事に身が入らない、あるいは「しょっちゅうトイレ休憩⬇株価や相場を確認に行く⬇挙句の果てに自分の持ち株が暴落しようものなら動揺して仕事どころではない……」。こうなると仕事で高いパフォーマンスは出せませんんし、将来の昇給チャンスも逃してしまいます。相場にとらわれている精神コストも半端ではありません。

目先のチャートの動きに惑わされて慌てて損切りしたものの、後で見返したら反転して上がっており、**「見なければよかった」という事態も起こりかねません。**

私自身もそのような経験がありますが、全財産の9割をFXに掛けてみたり、全財産の3分の1をロスカットしたり、それはもうハラハラでジェットコースターのようでした（笑）。

でも、よく考えれば株式投資だけでなく、高い収入を生み出せる自分自身こそ最も重要な資産です。

そう考えてからは、仕事中に「株価は一切見ない」「別に暴落しても仕方がない」と割り切って、日中は稼ぎを最大化することに集中しました。それで実際にパフォーマンスが上がりましたし、投資教育に携わる者として、「兼業投資家はむしろチャートを見るな」と声を大にしてお伝えします。

その点、**暴落時のみ高配当・増配株を狙って保有するスタイルは、頻繁な株価チェックは不要で株価がマイナスになっても気になりません。むしろ放置することで、上昇する銘柄は大きく値上がり益を取れ、かつ配当金もしっかりもらえるので兼業の方にピッタリ**です。

ただ問題は株価の暴落をどう見極めるか？　ですが、その重要ポイントを次章で解説します。

第4章

これが結論！株は「地《じ》合《あ》い」が9割

——地合いなくして、チャートも何もない

1 株価の動きを決める3つの要因

1つの理由だけで株価はそう簡単には動かない

企業の株価は1つの理由だけで動いていません。よくニュースで、政治家の発言や経済指標の発表、企業の報道などで「株価が上がった、下がった」と言っているのを見かけますが、株価はそんな単純なものではありません。

よく考えていただきたいのですが、株式市場には何万人何十万人といったレベルではなく、世界で見れば億単位の参加者がいます。

わかりやすく、米国のS&P500を売買している投資家に例えます。1日にS&P500を売買している投資家は、どんなに少なく見積もったとしても、一万人は絶対にいるでしょう。

では、とある日にS&P500を売買した1万人の投資家に売買した理由を聞いてみてください。売買とは、買う・売ることを指し、さらに「何もしない」という判断も売買に含めます。

彼らからは様々な答えが返ってきます。「チャートが上がりそうだから買った」「中央銀行の総裁の発言がポジティブだった」「積立の買い増しをした」「RCI（※）がマイナス100%と大底に触れていた」といった発言が、買った人からは出るかもしれません。一方で売った人からは、「アップルの決算が予想よりイマイチだった」「景気の動向がまだまだ悪そう」「なんとなく怖いと思って」といった理由が出てくるはずです。

（※RCI：マイナス100〜プラス100の過熱の程度から、株価が割安か割高かを判

図13　株式市場における人々の考えと行動

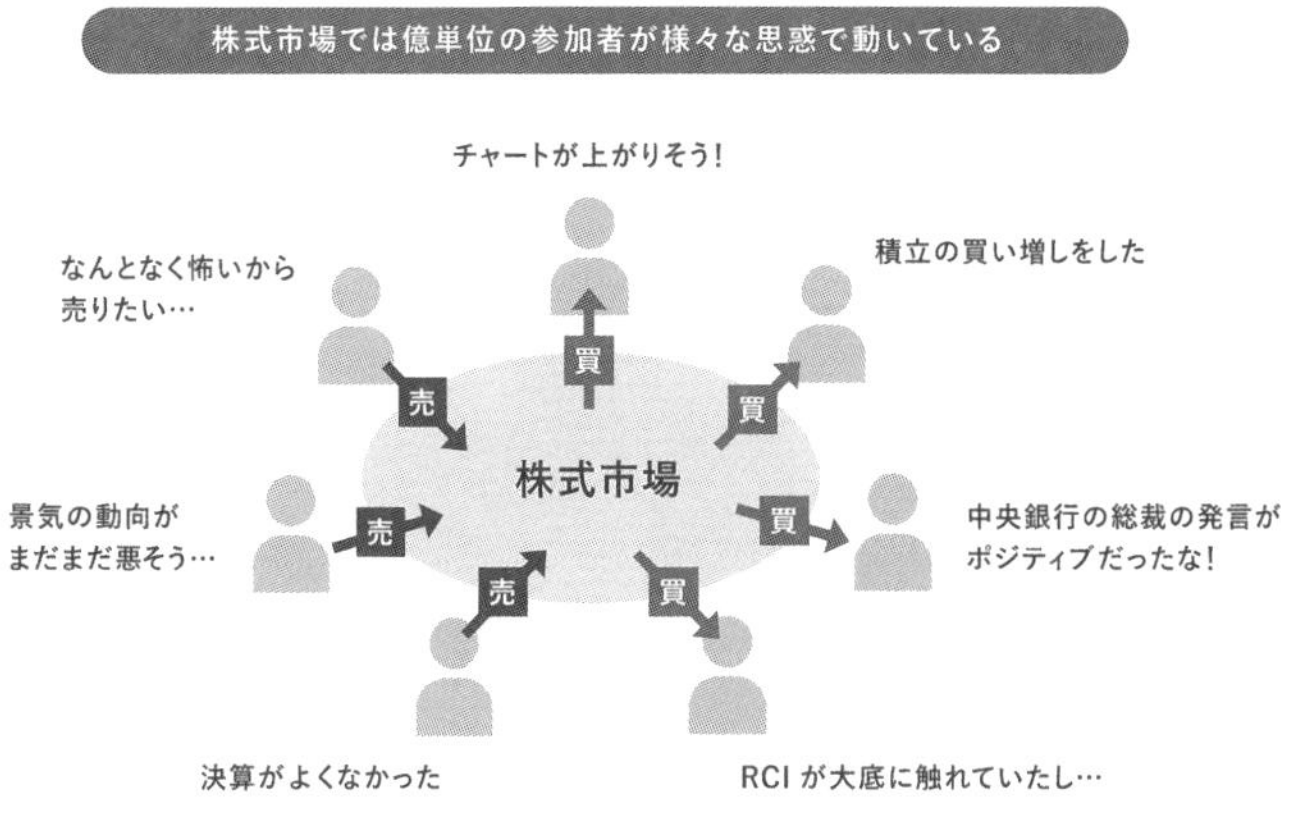
株式市場では億単位の参加者が様々な思惑で動いている
チャートが上がりそう！
積立の買い増しをした
中央銀行の総裁の発言がポジティブだったな！
RCIが大底に触れていたし…
決算がよくなかった
景気の動向がまだまだ悪そう…
なんとなく怖いから売りたい…
株式市場
買
買
買
買
売
売
売

断する指標の1つ。一般的にマイナス100で大底《おおぞこ》、プラス100は天井圏といわれる）そして、現実には投資家1人1人の売買理由を全て把握するのは不可能です。

そう、株価というのは市場参加者の様々な思惑が複雑に重なって動いているのです。この事実をちゃんと認識していないと判断を誤ります。

その前提があった上でここからは、**株価を決める主な3つの要因**について取り上げていきます。**この3つを押さえるだけでも、株価の動きの要因をだいぶ把握できる**はずです。

【主な要因①】個社要因

個社要因とは、個別企業に関するニュースや発表で株価に影響を与えるものです。一番わかりやすいのが、業績の良し悪しや見通し。それによって株価が敏感に反応します。

テレワークの浸透によって、急速に広まったオンライン通話ツール。私たちの周りでも、Ｚｏｏｍはなじみ深いと思います。ＺｏｏｍはＺＭという銘柄コードで、米国株市場に上場しています。

実際の業績推移を見ても、新型コロナが発生した2020年から前年比で4倍近い売上

図14 Zoom（ZM）の業績

決算期	区分	売上高	（前年比）	営業利益	（前年比）
2018/04	1Q	60	−%	-2	−%
2018/07	2Q	75	−%	3	%
2018/10	3Q	90	−%	-1	−%
2019/01	本	106	−%	5	−%
2019/04	1Q	122	103.1%	2	192.9%
2019/07	2Q	146	95.7%	2	-33.9%
2019/10	3Q	167	84.9%	-2	-58.5%
2020/01	本	188	77.9%	11	92.2%
2020/04	1Q	328	169.0%	23	1,398.7%
2020/07	2Q	664	355.0%	188	8,223.0%
2020/10	3Q	777	366.5%	192	11,542.9%
2021/01	本	882	368.8%	256	2,327.7%
2021/04	1Q	956	191.4%	226	868.0%
2021/07	2Q	1,022	54.0%	295	56.6%
2021/10	3Q	1,051	35.2%	291	51.3%
2022/01	本	1,071	21.4%	252	-1.7%
2022/04	1Q	1,074	12.3%	187	-17.3%
2022/07	2Q	1,099	7.6%	122	-58.7%

※前期比・指数は各項目を12か月換算した値を表示

引用：マネックス証券　銘柄スカウター

高成長率を記録し（p87の図14）、この年の株価は年初から8・6倍になりました（p88の図15）。

株式は企業の利益を受け取れる権利ですから、企業の業績が急速に伸びれば、リターンを求めてその会社の株に買い注文が集まります。

しかし2020年の10月以降、業績成長ペースに陰りが見られると、株価は急落。2022年12月では、株価はピーク時の8分の1まで落ちてしまいました。

Zoomは極端なケースかもしれませんが、業績の成長率が株価に大きく影響を与えることを実感していただけたかと思います。

特に話題の急成長企業は、業績が絶好調で

図15　Zoom（ZM）の株価推移

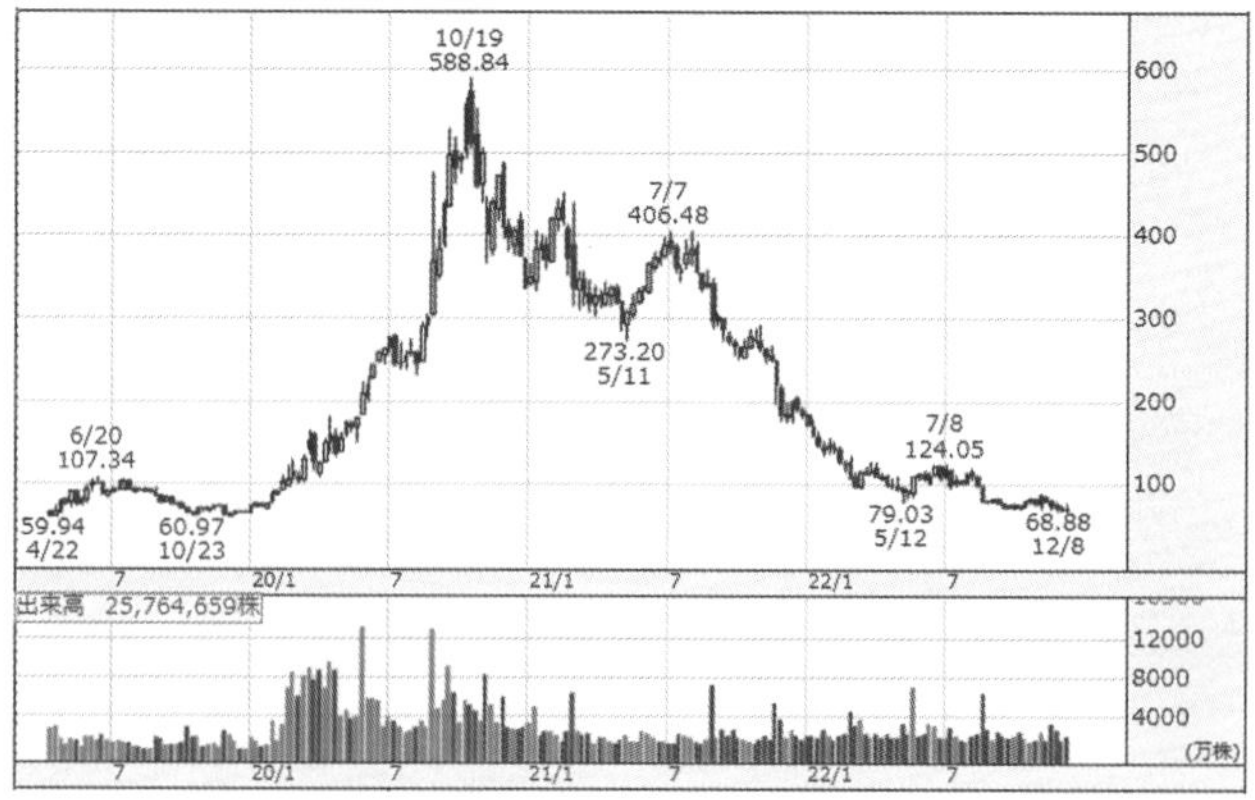

※引用：株探（https://kabutan.jp/）

ある間、株価も力強く急騰します。しかし、いざその**成長ストーリーが崩れた瞬間に逆回転して、大暴落もよく起きる**のです。

業績だけではなく、**企業の不祥事にも強く反応します。**

２０１５年５月に不正会計が明らかになった東芝。決算や配当が延期され、株価は急落しました（p89の図16）。

本来あってはならないのですが、売上がなかなか成長せず財務的に問題がある会社は、このようなリスクをはらんでいます。

２０２２年６月、商品の在庫がないにもかかわらず、あるように見せかけた「おとり広告」が問題となった回転寿司チェーンのスシ

図16　東芝の週足チャート

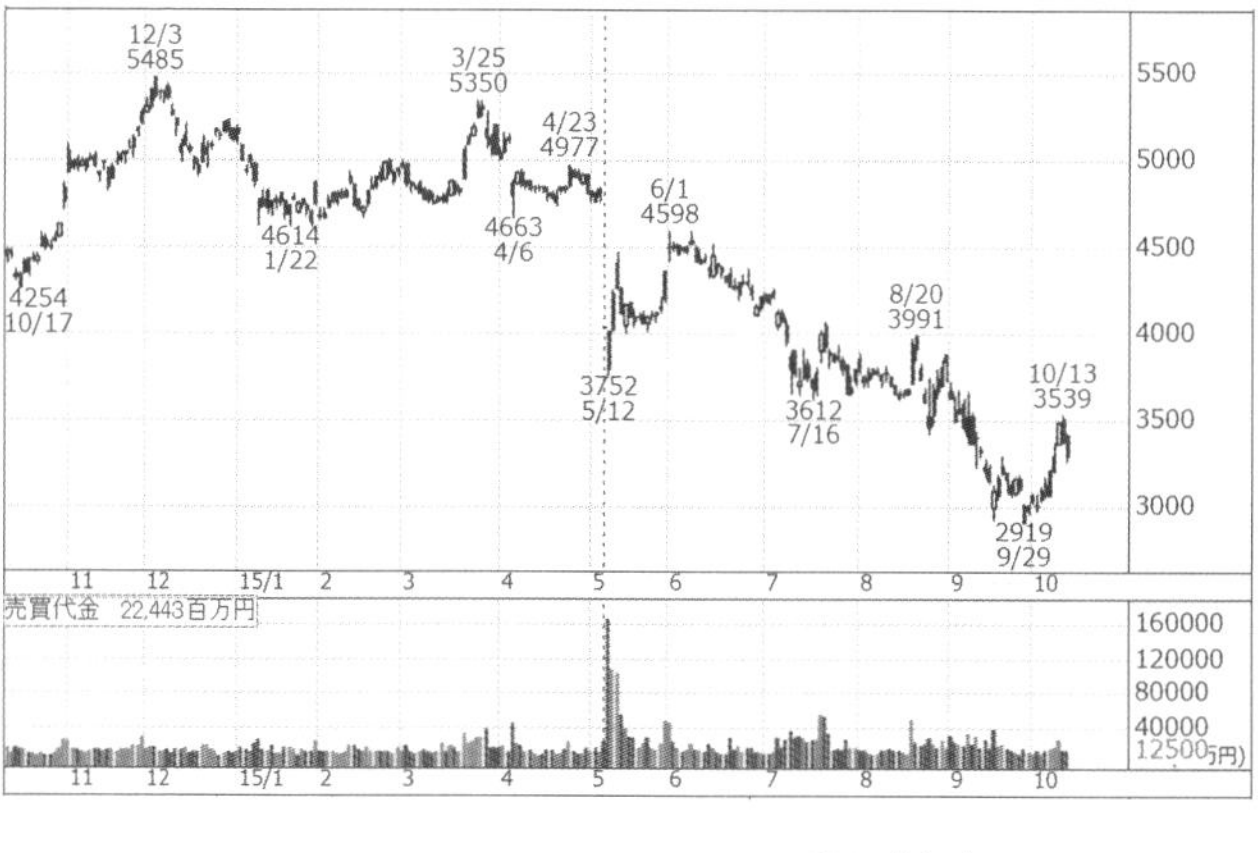

※引用：株探（https://kabutan.jp/）

図17　F&LCの日足チャート

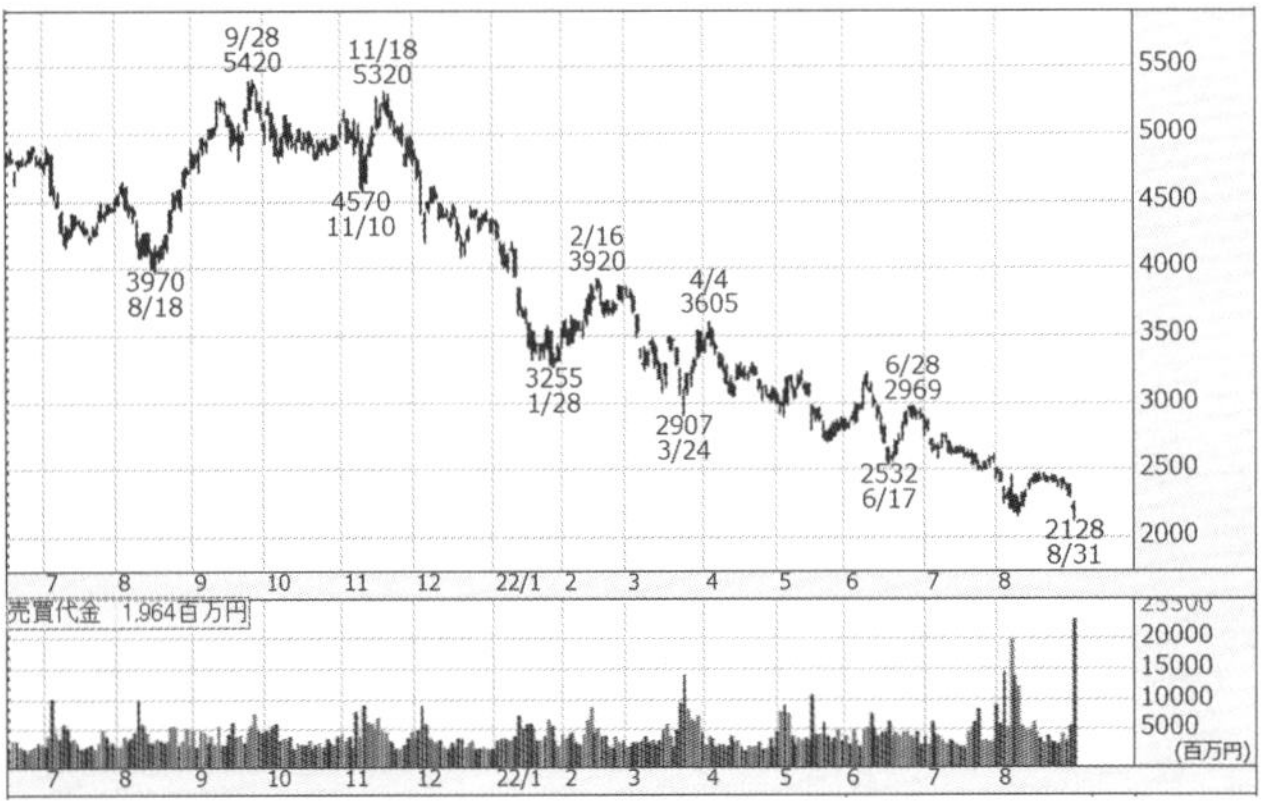

※引用：株探（https://kabutan.jp/）

図18　Shinwa Wise Holdingsの日足チャート①

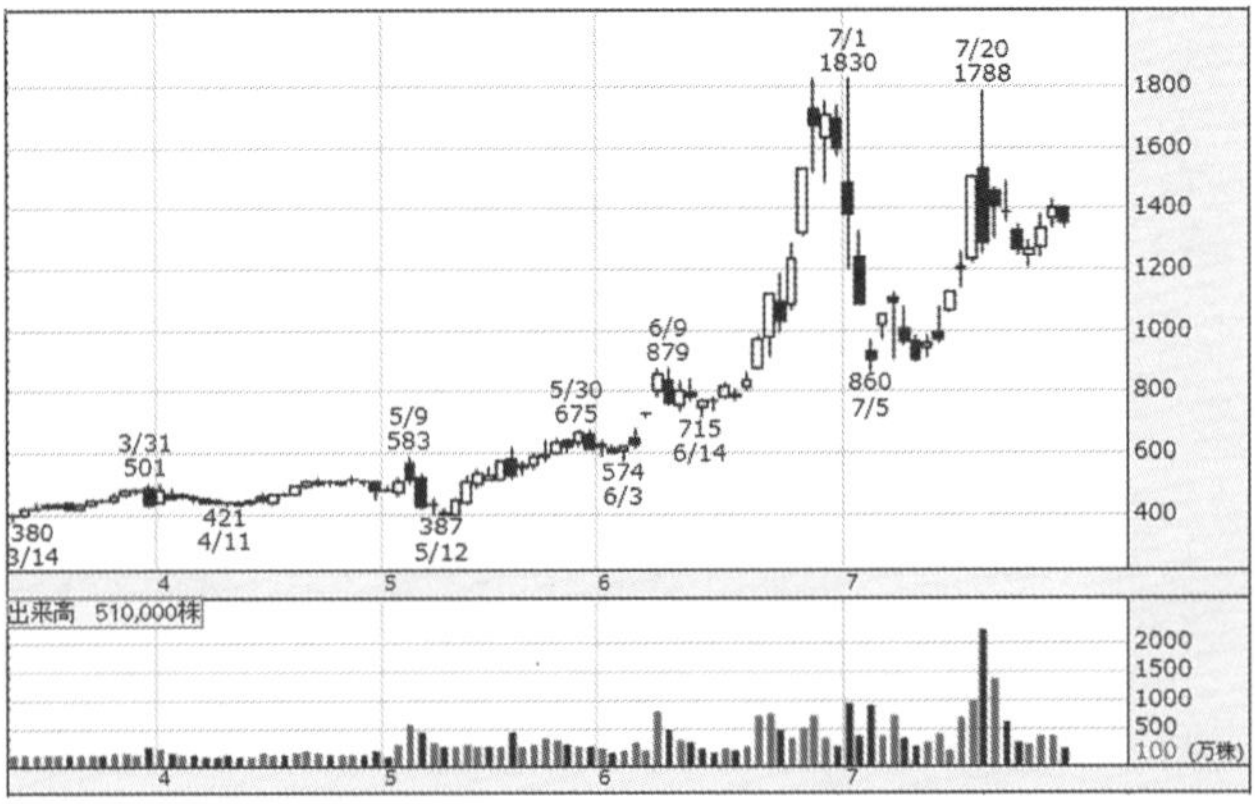

※引用：株探（https://kabutan.jp/）

ロー。ネットでおとり広告の噂が広まり、消費者庁による景品表示法違反の措置命令にまで発展し、スシローを運営するF&LCの株価は2か月で37%以上下落しました（p90の図17）。

ただし注意しないといけないのは、おとり広告の不祥事だけが株価下落原因ではないこと。そもそも円安や材料調達難などにより、以前から業績が低下傾向だったのです。実際、F&LCの株価は前年の2021年9月に天井を付けてから、継続的に下落しており、苦境が続いていたことがわかります。

将来を期待させる材料で急騰したのが、Shinwa Wise Holdings。美術品公開オークションの企画・運営で業界首位に位置する会社です。メタバースやNFT関連の注目企業でもあり、NFTアートオークションを開催し成功を収めています。

そんな同社が進める新事業「Edoverse Foundation（江戸バース）」が2022年6月20日に発表されました。仮想空間に江戸の町を開発するもので、これが好材料視される形で投資資金が入り急騰したのです。発表からわずか10日で、株価は2倍以上に急騰（p90の図18）。これもまさに個社要因が株価を押し上げた例といってよいでしょう。

【主な要因②】需給要因

需給とは、株式や債券の買い（需要）と売り（供給）の動向のことをいいます。買いと売りが片方に偏っておらず、一方向へ突き進まない状態を「需給のバランスがよい」、逆に買いと売りのどちらかが優勢で、一方向へトレンドが出るような相場を「需給のバランスが悪い」といいます。

株価は、買いと売りによって成り立ちますので、最終的に株価を決めるのは、この需給です。**その銘柄の業績など全く関係なく需給だけで、株価が動くケースも意外にあります。**

例えば、前項で取り上げたShinwa Wise Holdings。「Edoverse Foundation（江戸バース）」という個社要因もありましたが、需給面でも動いています。**将来の業績成長期待から**、チャート（p93の図19）の下にある「出来高」が急速に増えているのがわかると思います（該当箇所は太線で囲まれた部分）。それ以前に比べて、売りを大きく凌ぐ買い注文が入ったのです。

出来高とは、ある一定期間内に売買が成立した株数のことです。出来高が増えるということは、それだけその銘柄を売買する参加者数が多くなり、株価が大きく動きやすくなります。

上場廃止となってしまいましたが、テラも印象的です。医療機関向けに、樹状細胞ワクチンの研究開発などを大学病院と手掛けていました。

しかし、研究開発費などが嵩《かさ》んで赤字が続いたほか、事業の継続性自体を懸念されることが多くなってしまいます。

株価も数十円台と、非常に安い値しかつかない「低位株」に位置づけられていたような状態です。

新型コロナウイルスの重症患者の治療につ

図19　Shinwa Wise Holdingsの日足チャート②

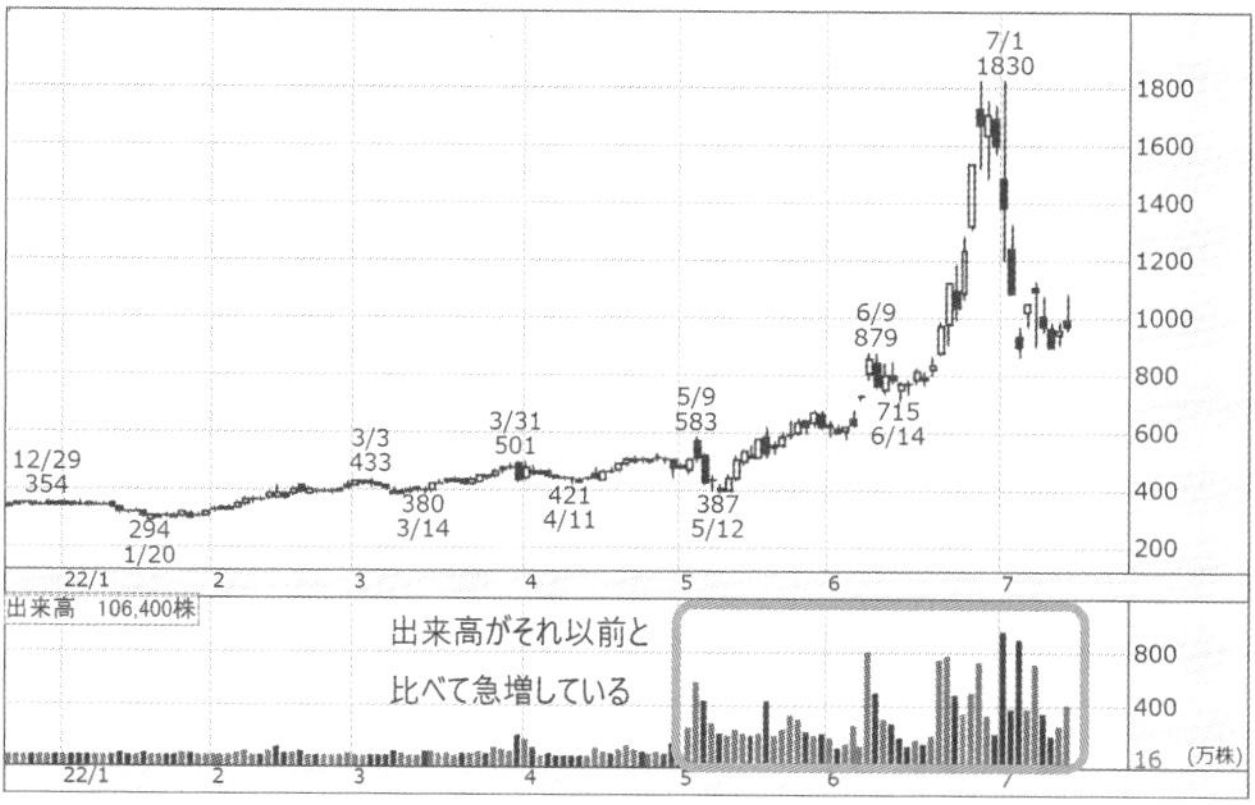

※引用：株探（https://kabutan.jp/）

いてメキシコでの取り組みが話題となり、2020年6月には株価が2000円を超え、急騰しました。

しかし、資金調達に苦しみ、4か月後の同年10月には第三者割当増資（特定の第三者に株式を有償で引き受けてもらって、資金を調達する方法）を発表。だが、払込期日に遅れが出るなどで信用が失墜し、株価は暴落しました（p94の図20）。

このように、**②需給要因は①個社要因とセットになって発生するケースが多い**です。

図20　テラの週足チャート

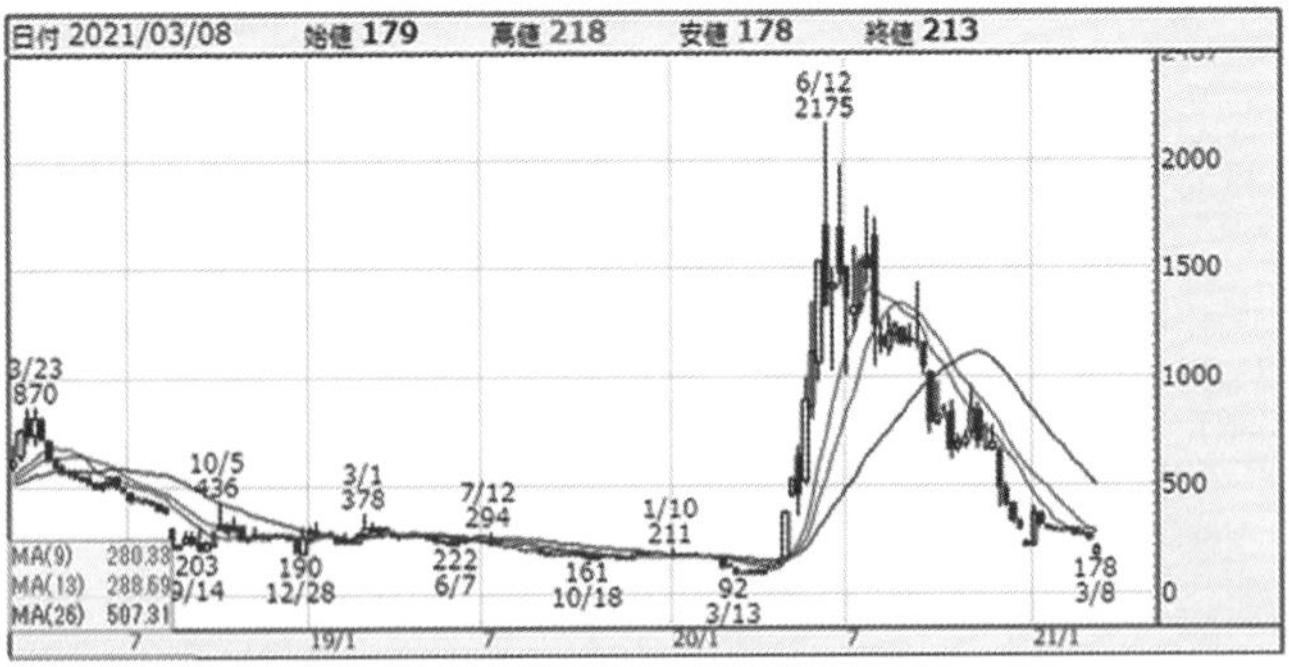

※引用：株探（https://kabutan.jp/）

【主な要因③】地合い要因

いよいよ出てきました。本書の主役ともいえるキーワード「地合い」です。**地合いとは、株式相場全体の好不調を表します。例えば取引が活発で、株価が上昇すると「地合いがよい」といわれ、反対に、取引量が少なく、株価が下落していると「地合いが悪い」といわれます。**

また、別の表現方法として「地合い＝相場」と考えて問題ありません。

単純に、日経平均株価の上下やS&P500の上下で考えてもいいでしょう。企業の優秀さに関係なく、株式自体が買われやすいor売られやすい状況があるのです。近年でも、米国と中国の対立やウクライナとロシアの戦争、新型コロナの流行、消費者物価の高騰などが挙げられます。そのような材料が引き金となり、マーケット全体が上下するということです。

経済に悪影響が出そうな不安定な状況下では、「株に入れていたお金を回収する＝株が売られる」動きになりやすいです。

株式投資を1年以上している方であれば、**同じ手法でもなんとなく調子がいい時期と、いくら頑張っても損ばかり出る時期を経験しているはず。それには銘柄選定の問題のほか、地合いが絡んでいることが多い**のです。

いくら優秀なF1マシンでもハリケーンの中では走れないように、あるいは、いくら優秀な証券営業マンでも小学生相手に投資商品を売れと言われたらなかなかできないといったように、環境が合っていないと投資で利益を出すのは難しくなります。

そして、**長年利益を出している投資家は、この地合いの捉え方が上手い**です。

ここ10年は不動産投資がブームとなりましたが、2011年頃まではリーマンショックの余波などもあり、市場環境は最悪でした。元値よりも安くなった物件が、ゴロゴロしていたのです。

しかし、2012年にアベノミクスという大規模な金融緩和が起こった時、不動産価格は急上昇しました。翌2013年には東京オリンピックの2020年開催が決まり、それも不動産へマネーが流れる理由になりました。バブルの始まりです。勘のいい不動産投資家は、そこで買い付けをしています。

一方で、オリンピックが終わり、価格が高騰しているタイミングで不動産を買うという投資家もいます。

どちらが利益を順調に出せているかはもうおわかりですよね（今後数十年にわたりバブルが続く可能性もありますが）。

よい銘柄を見つける必要があるのは大前提ですが、**株価が上がりやすい状況に投資することが重要**です。

裏を返せば、業績がよくても株価が下がってしまう場合は、個社要因以外に地合い要因が絡んでいないか、考えるようにしましょう。

② 結局、地合いが9割

あなたがもし株式投資で成功したいなら、前述した③地合い要因は無視できません。むしろ、地合いの変化を捉えるだけで利益を出せると言っても過言ではないです。

個別企業と指数の株価は連動する

p99の図21は、日経平均株価とトヨタ自動車、ファーストリテイリングの週足チャートの推移になります（2014〜2022年末）。

上昇率に差はあれど、およそ**上がる時期・下がる時期が連動している**のがわかるでしょう。特に、2016年中盤、2020年3月、2022年3月と、暴落する時期はほぼ一致します。

株価の上昇率であれば、どうしても企業業績の伸びが絡んできます。が、日経平均株価（＝地合いと捉えることができる）と、トヨタ自動車・ファーストリテイリングという個別企業の株価が動くタイミングが同じなのを見ると、暴落期はやはり地合いの影響が大きいのです。

私も普段から繰り返し言っていますが、このような**「暴落時のみ」に株を買うことで上昇余地を大きくでき、高値掴みの防止にもなる**のです。**地合いの良し悪しは朝起きて10分**

でも市況ニュースを見ればすぐにわかります。

ちなみに、トヨタ自動車、ファーストリテイリングはいずれも時価総額が10兆円を超えるような（※2021年3月時点）超大型銘柄で、株価が動いた時の日経平均への影響度も大きいです。この影響度を日経平均寄与度《きよど》といいます。

ですから、チャートの形が一致するのも当然ではあります。日経平均株価に採用されている銘柄のほうが、連動性も高いです。ただ、寄与度が小さかったり、そもそも日経平均株価に組み入れられていない銘柄でも暴落タイミングは似たような形になりやすいので、あなたの保有銘柄のチャートも

図21　日経平均株価とトヨタ自動車、ファーストリテイリングの週足チャートの推移

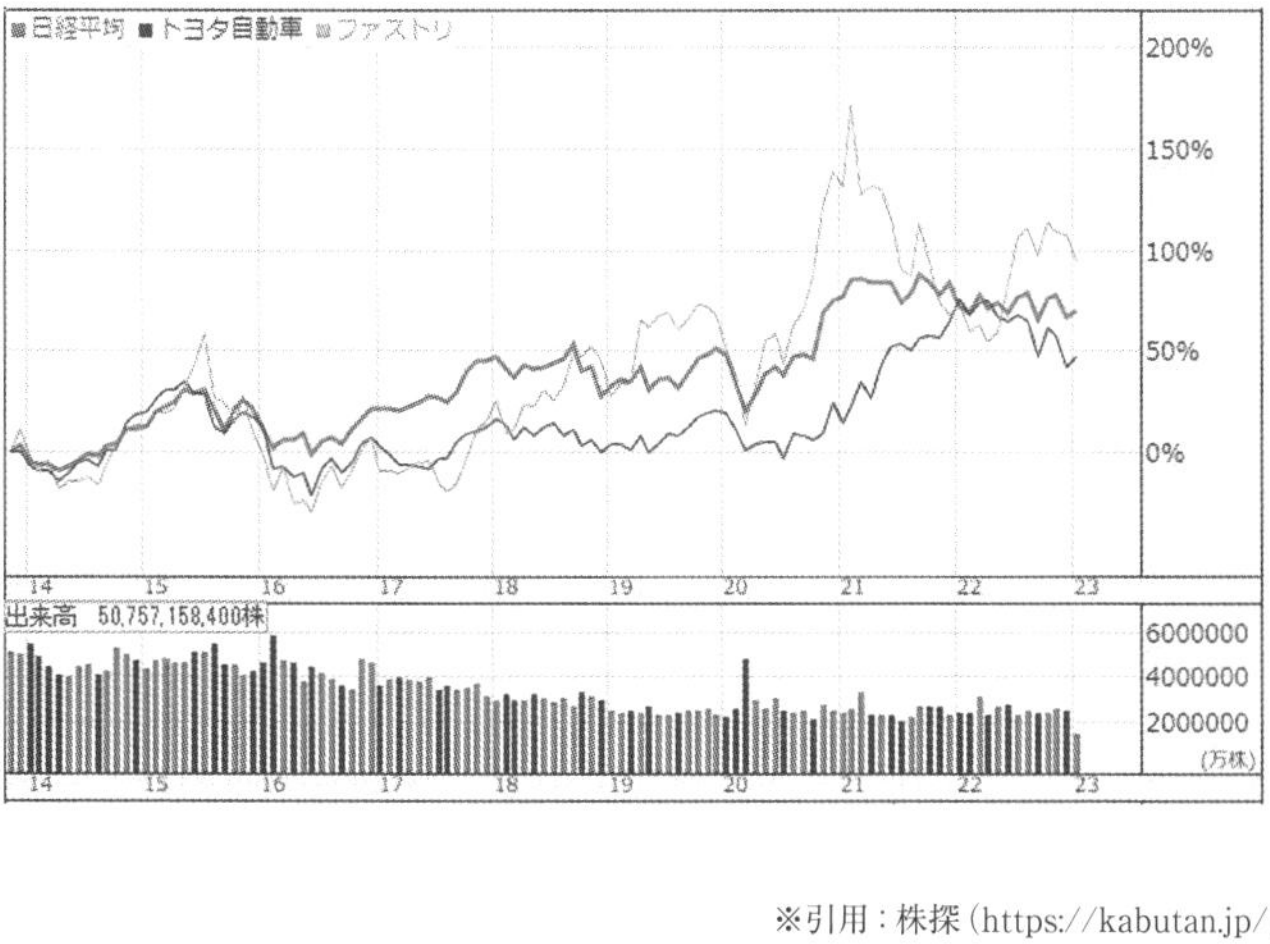

※引用：株探（https://kabutan.jp/）

ぜひ見比べてみてください。

3 相場環境をモニタリングする5つの指標

【指標①】25日騰落レシオ

その日の値上がり銘柄数と値下がり銘柄数の比率から、市場の「買われ過ぎ・売られ過ぎ」を見る指標になります。計算式は左記の通りで、単位は%で表示します。

騰落レシオ（%）＝値上がり銘柄数÷値下がり銘柄数

一般的には5日間の値上がり銘柄数÷値下がり銘柄数で計算する「5日騰落レシオ」をよく見かけますが、個人的には中期的な期間である**「25日騰落レシオ」**を使います。

25日は株式市場の約1か月の営業日（平日5日×5週）にあたり、直近1か月間にわたってのマーケットの強弱が読み取れるからです。

具体的な読み方としては「騰落レシオ100％＝中立の状態」となります。

100％を超えると値上がり銘柄数のほうが多く、**120％以上になると買われ過ぎ・過熱圏**といわれます。逆に**70％以下であれば、売られ過ぎ・底値圏**と見られます。

騰落レシオ70％以下は、何年かに1度の大暴落でしか起こりません。2020年の新型コロナによる暴落時は49％を記録したように、遥か下の異常値へメーターが振れてしまうこともあります。ですから、**80％を割るような状況が来たら地合いがかなり悪い＝反転するポイントまで近い**と考えてよいでしょう。

もちろん、このような数字はその年のマーケットの変動幅で決まります。騰落レシオが80～120％を行き来する年もあれば、ボラティリティ（価格変動の幅）が広がって60～150％で動く年もあるかもしれません。

騰落レシオ80％未満はあくまで「現状」通用する数字であって、相場とともに最適値はいくらか？を常に考える癖をつけましょう。

【指標②】日経平均ＰＥＲ・ＰＢＲ

日経平均採用企業のＰＥＲ・ＰＢＲから、マーケットの割安感を把握することもできます。

ＰＥＲとは？

「Price Earnings Ratio」の略で「株価収益率」といいます。現在の株価が、ＥＰＳ（1株当たり純利益）の何倍になっているか？を示すものです。

ＰＥＲは、株価÷ＥＰＳで計算できます。

例えば、ある会社の株価が2000円でＥＰＳが200円なら、ＰＥＲ＝2000円÷200円＝10倍となります。その後、株価が4000円になった場合、ＰＥＲ＝4000円÷200円＝20倍です。

このように、**ＰＥＲの数字が大きいほど割高、小さいほど割安と表され**、現在の株価がその企業の利益と比べて、割高か割安かを判断します。

PBRとは？

株価純資産倍率（Price Book-value Ratio）の略です。返済義務がない企業の純資産と株価を比べ、株価が「1株当たり純資産」の何倍になっているかを表します。

会社の資産と現在の株価との比較であり、PBRも小さいほど株価が割安といえます。

例えばA社の1株当たり純資産が3000円の場合、この時点で会社を解散すると株主は1株当たり3000円を手に入れられます。この時にA社の株価も3000円であれば、今売却しても株主が手にするのは3000円なので、PBR＝3000円÷3000円＝1倍となります。

その後もしA社の株価が2400円になった場合、PBR＝2400円÷3000円＝0・8倍になります。

この場合、

- 会社を解散して手にする金額は3000円
- 市場で売却して手にする金額は2400円

になります。

2400円で3000円分のリターンがある株を手に入れられる状態です。こう考えると、A社の株式は売られ過ぎと見ることができます。

日経平均PER・PBR

ここまでは個別の会社を事例に紹介してきましたが、日経平均採用企業225社を平均してPERとPBRを計算することも可能です。

過去15年、日経平均PERは12~25倍の間、日経平均PBRは0・9~1・5倍の間で推移しています。このデータから鑑みるに、**日経平均PER＝11倍、日経平均PBR＝1倍割れが売られ過ぎの水準**と考えられます。このような局面はなかなか訪れませんが、少なくとも過去データから見るに例外なく日経平均の暴落局面です。

騰落レシオだけですと値上がり・値下がり銘柄数の比率でしか出ませんが、**日経平均のPERとPBRを組み合わせることで、ファンダメンタルズの観点からも大底圏を見極めることができるようになります。**

なお、日経平均PERや騰落レシオのチェックには次のサイトをよく使っています。興味があれば一度見てみてください。

「世界の株価と日経平均先物」https://nikkei225jp.com/

【指標③】恐怖指数（VIX）

恐怖指数とは、株式市場に対する投資家心理の変化を数値にしたもの。米国S&P500に連動するオプション取引の変動率をもとに算出されており、VIX（ヴィックス）とも呼ばれます。

一般に、恐怖指数が高くなればなるほど、「株式市場の先行き不安＝投資家が恐怖を感じている」といわれます。実際、暴落時は恐怖指数が高騰します。

通常は10～20の間で変動することが多く、この状態は平穏です。しかし、**恐怖指数が20**

図22　恐怖指数（VIX）と株価の関係

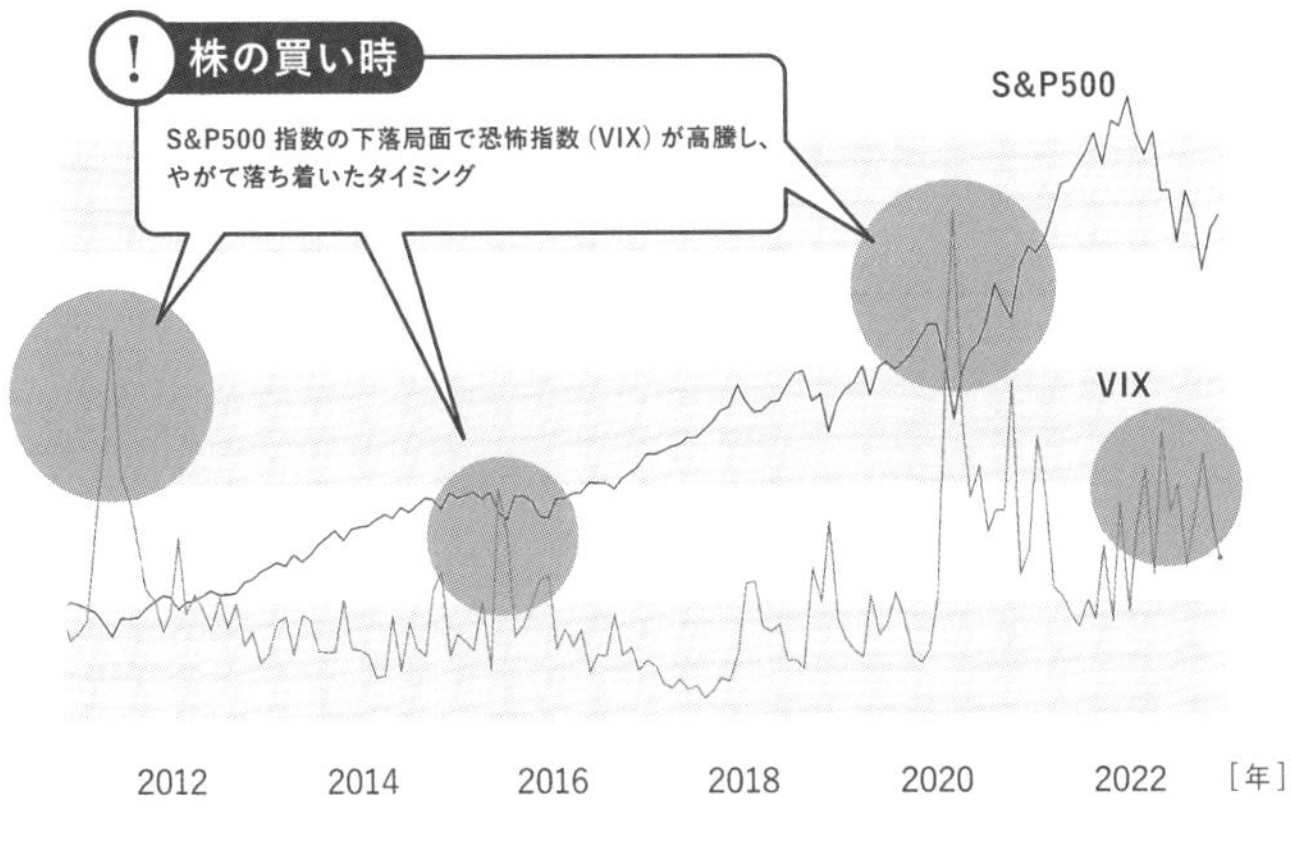

を超えて30、40と値を切り上げていくと、株価は下落し投資家心理が悪化します。「VIX高騰＝地合いが悪化」と覚えてしまってよいでしょう。

実際、過去10年のチャートを見比べると、反比例するかのようにS&P500指数の下落局面で恐怖指数（VIX）が高騰しているのが見て取れます。

恐怖指数が高騰している最中にいると、漏れなく株式市場にはネガティブニュースが溢れていると思います。しかし、過去チャートを見てもわかる通り、**恐怖指数はやがて落ち着き、そんな時こそ株の絶好の買い場**になります。いったん目を瞑《つぶ》ってでも「株の買い時」と覚えて優良株の注文ボタンを押すことが大切です。

【指標④】RCIの反発

ここまで大暴落時に「売られ過ぎ」と判断しやすい指標を紹介しましたが、さらに重要なのは暴落後株価が反発し、上がり始めるタイミングを見極めることです（底打ちといいます）。

そこについては最後の最後でチャートを使います。チャート上の指標もいくつか見て判断するのですが、**最もわかりやすいのが指数のチャートにおけるRCIの反発**です。

指数とは、株式市場全体の値動きを表す指標のことで、米国のS&P500やナスダック、日本の日経平均株価やTOPIX（トピックス）などのことを指します。

RCIの基礎

RCIとは順位相関指数といい、現在の株価が割安か割高かをチャート上で判断できるテクニカル指標の1つです。

株価が一定以上上昇し続けると100％（＝株価の天井圏）になり、逆に下落し続けるとマイナス100％（＝株価の底値圏）になります。上がり過ぎでも下がり過ぎでもない中央が0％。日足で短期的な動きを見る9日間と、中期的な26日間の2種類を使うのが一般的です。

RCIの活用法——大底買いのシグナル

売買の判断としては、p108の図23のように短期線（図23だと9日間の線＝9日線）・中期線（26日線）が両方大底圏付近から反発しているタイミングを狙います。短期線だけだと目先の株価変動に影響されるのですが、中期線も下がっていたタイミングであ

図23　日経平均株価（日足）における中期のRCI（26日線）と短期のRCI（9日線）の例

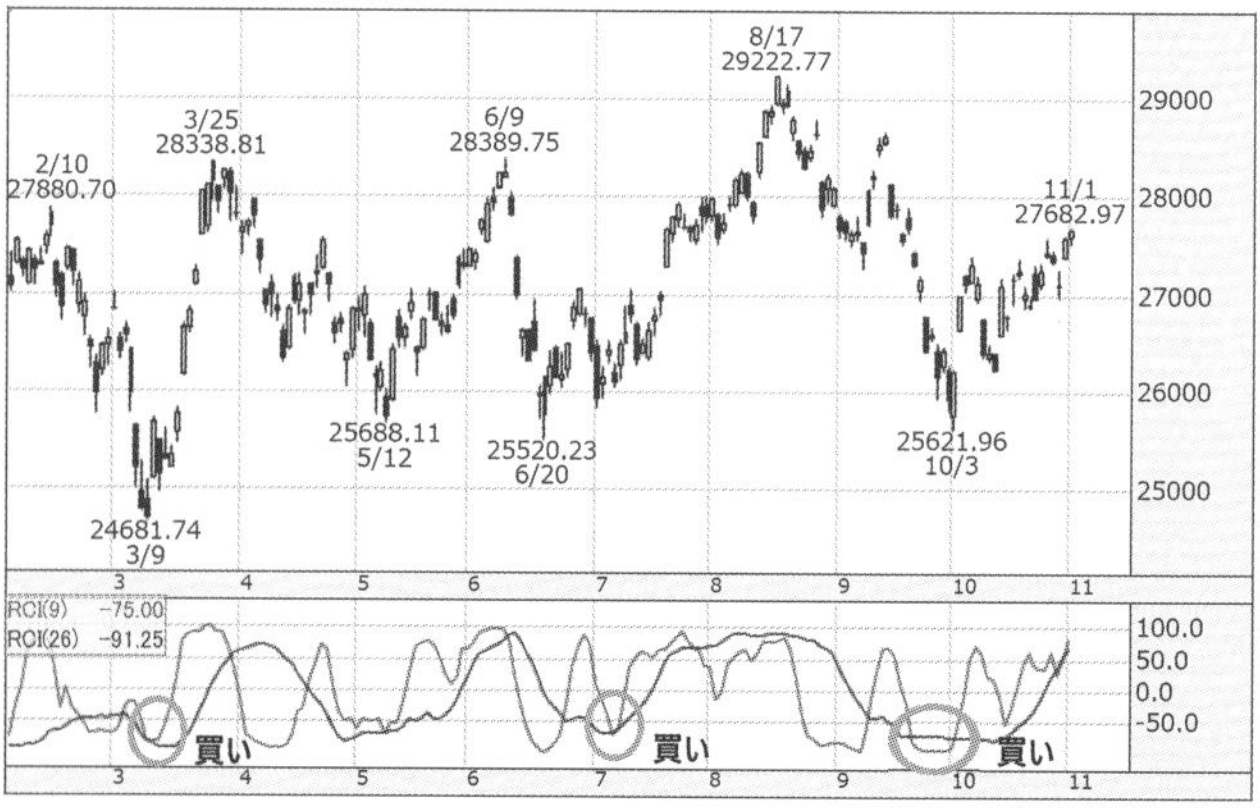

※引用：株探（https://kabutan.jp/）

図24　日経平均株価（週足）における中期のRCI（26週線）と短期のRCI（9週線）の例

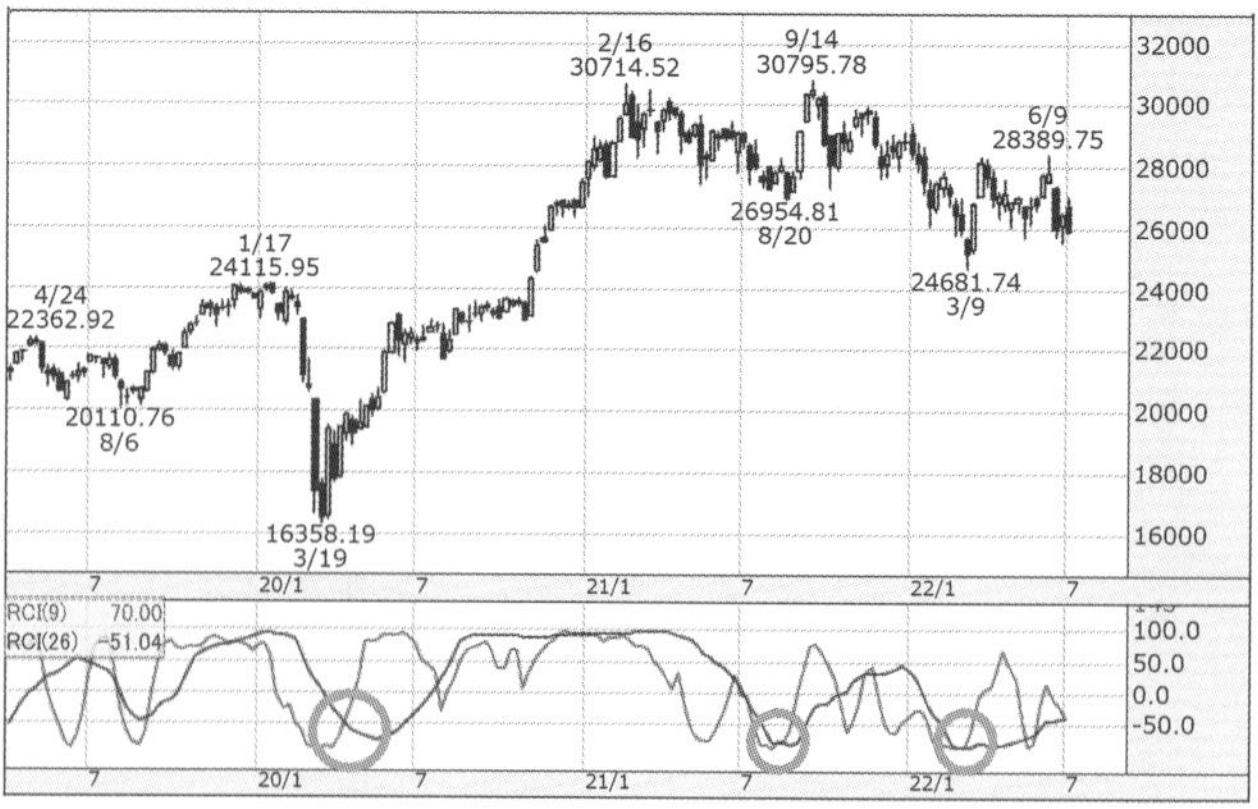

※引用：株探（https://kabutan.jp/）

れば、継続的に下落しようやく回復するタイミングと見られるからです。**中期のRCI（26日線）が底値圏にいつつ、短期のRCI（9日線）がレ点を付けるように反発するタイミングがベスト**です。

さらに同じ日経平均株価でも、ローソク足1本が1週分の値動きを示す「週足」で見ると、数年に1度の大底に出会うこともできます。この場合、RCI短期は9週線、中期は26週線となります。

週足の場合、1週間でようやく1つのローソク足が形成されます。そのため、中期＝26週線がしっかり下落するのを待っていると上昇に気づくのが遅れる可能性があります。ですから、**26週線の位置はザックリ下にいればOKとし、9週線の動きを注視するのがよい**と思います（p108の図24参照）。

個別銘柄に加え、このような全体指数の大底からの反発「だけ」を狙うことで、安く株を買うだけでなく高値掴みも防止しやすくなります。

【指標⑤】セクターローテーション

その銘柄が属する業種（セクター）によっても好調な時期・不調な時期が分かれます。

景気の強弱によって買われやすい銘柄が移り変わっていくのです。これを株のセクターローテーションといいます。

ｐ110の図25の通り相場は大きく分けて4つの局面があり、ずっとこのサイクルを繰り返すのです。縦軸に景気の強弱、横軸に政策金利の高低を取ります。政策金利とは、第1章でも解説した、借金する際の利子。中央銀行（日本では日本銀行）が決めています。

金利が高いと「お金を借りたい人が多い＝好景気」とも取れるのですが、景気が過熱した時は中央銀行があえて金利を高く設定し、お金を借りにくくします。

また金利が高くなると「借り入れをしている企業の利子＝返済コスト」が上がるので、

図25　セクターローテーションの流れ

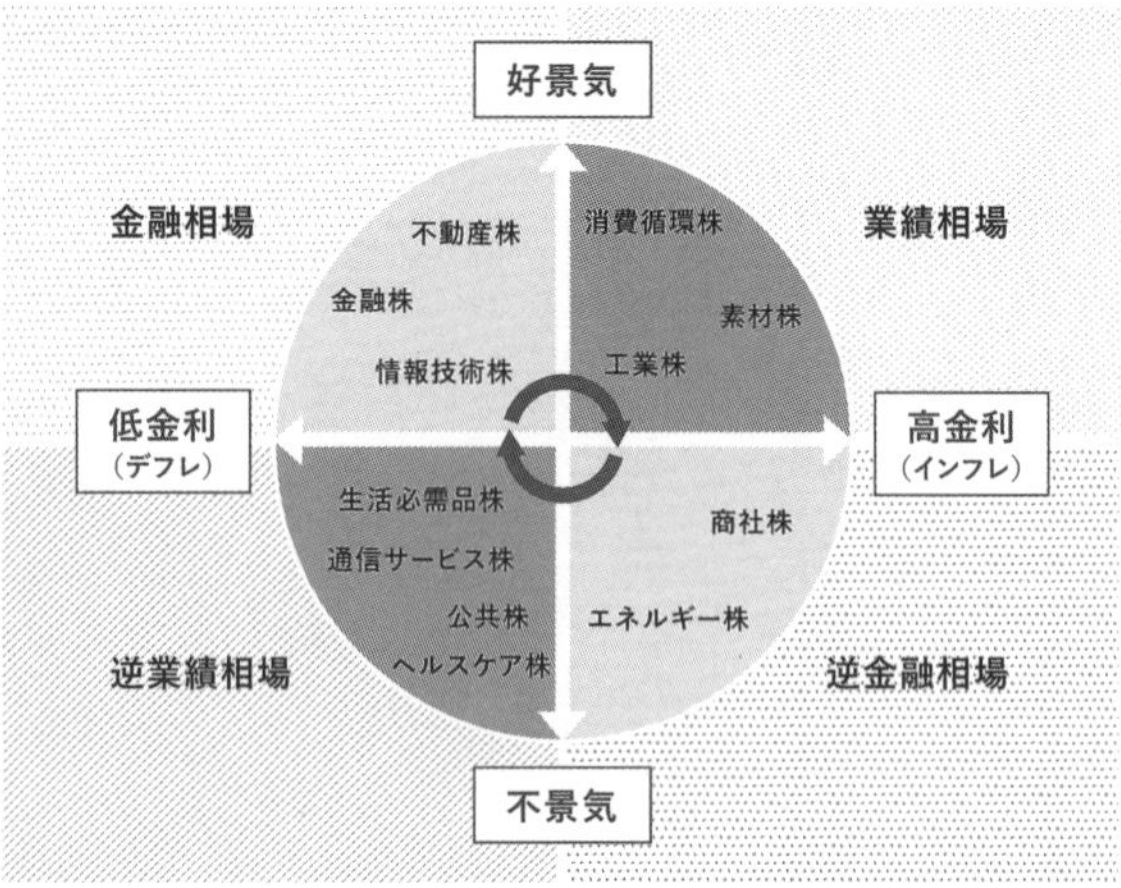

最終的に利益が下がり、景気が悪くなります。景気が悪くなると金利が下がり、経済がドン底の状態になります。

すると、今度はまた中央銀行が金利を引き下げ、経済活動を刺激しようとします。2012年末からのアベノミクス、2016年に日銀が導入したマイナス金利、2020年コロナ禍での大規模な金融緩和はまさにそれに当たります。

では、金利の話を踏まえた上で、セクターローテーションを最も景気が弱く最悪の時期から順番に見ていきましょう。

逆業績相場

景気が弱く、企業が赤字を垂れ流すなど経済が最悪の状態です。

このような時は投資家が守りに入るため、景気の好不調に関係なく常に需要のあるセクターが好まれます。例えば、食料品・日用品・電気水道といった、生活に欠かせないものです。他にも、携帯やインターネットといった通信、医薬品などのヘルスケアも好まれやすいです。

このように**景気に影響を受けにくい守りのセクターを「ディフェンシブ」といいます。**

需要が安定している分成長性も低い企業が多いですが、**経済が下り坂の時はこのようなディフェンシブが好まれやすい**です。

金融相場

景気が最悪の状況から**中央銀行が金利を引き下げたことから、徐々に経済活動が上向いてきます。**金融政策によって上がることから「金融相場」といわれますが、このような状況では**IT・インターネット企業などのハイテク株、銀行などの金融株に資金が向かいやすい**です。

銀行は企業活動が活発になると貸し出しが増えたり、金融商品を取引したりすることで儲けやすくなります。ハイテク株は成長性があるものの、借り入れに依存する赤字企業も少なくありません。ですから、低金利の環境下では返済コストが低下し、より有利になるのです。

2010年代にGAFAはじめ米国のハイテク株が急上昇したのは、長年にわたる低金利政策が背景にあります。

業績相場

最も経済がよい時期が業績相場です。経済が活性化し、実体の企業業績が改善することによって上昇する相場となります。

必然的に、景気に連動して強くなる業種が強くなります。これを先ほどのディフェンシブとは逆に「シクリカル」といいます。**シクリカルは不況期には急落しやすい一方、好景気では大きく上がりやすい**側面があります。具体的な業種を挙げると、自動車、半導体、素材、電気機械などです。

しかし、経済が好調過ぎるとインフレ（物価高）を招く恐れもはらんでいます。物価は下げ過ぎも上がり過ぎもＮＧで、年に２％くらいが経済成長を続ける上で丁度いいとされています。

しかし、それ以上に物価が上昇すると労働者の賃金上昇が追いつかず、結果として物が買い控えられ不況に突入してしまうのです。２０２２年は米国で前年比９％、英国でも10％以上の物価上昇を記録しました。日本でも広範囲にわたって値上げを経験しましたが、まさにインフレの影響です。

逆金融相場

インフレを抑えるために、中央銀行が金利を引き上げた状態です。あえて金利を高く設定し、「利子＝借り入れ返済コスト」を上げることで景気を減速させるのです。前述した金融相場とは真逆の政策をとるため「逆金融相場」と呼ばれるのです。

まだ景気は悪くなり切っていませんが、物価高が極まっており、原油や穀物といった資源価格も高騰しています。この局面では、**特に原油やガス、商社といったエネルギー株に資金が流れます。**

これらの銘柄は**価格上昇がそのまま業績に反映されるため、インフレ下においては非常に強い**のです。強い景気によって需要が高まって価格上昇するのはもちろん、金融相場でお金が多く出回るようになるとお金自体の価値が薄まりますので、それを見越して原油や穀物の先物に投機的なマネーが流れることも高騰の要因になります。

やがて中央銀行の利上げにより経済が減速、再び逆業績相場へと入ります。

以上がセクターローテーションの流れです。

２０２１年までに強かった米国のハイテク株は、金融相場〜業績相場が追い風になります。

しかし2022年に入ると、インフレが行き過ぎて米国の中央銀行であるFRB（連邦準備理事会）が金利の引き上げを急速に行ったことで大暴落。ハイテク株で構成されるナスダック総合指数は年初から30％以上も下落しました。

かたや、原油メジャーのエクソンモービルや、日本の商社株は年間通して安定上昇しました。まさにこれが逆金融相場です（p115の図26）。

ただ、その原油株や商社株も、つい数年前は株価が下落したままずっと停滞していたことを忘れてはいけません。相場サイク

図26　「ナスダック総合指数（IXIC）」とエネルギー業界である「エクソンモービルの株価（XOM）」「シェブロンの株価（CVX）」の動き

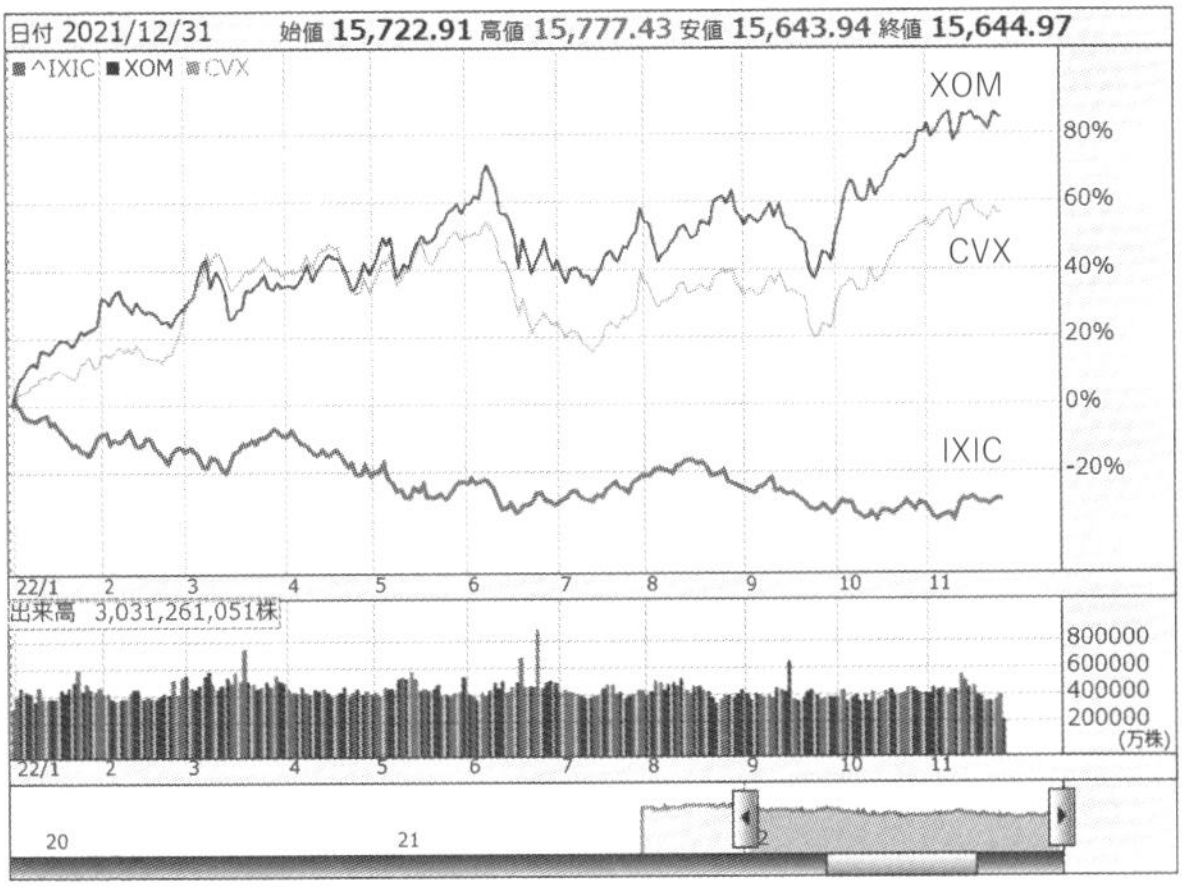

※引用：株探（https://kabutan.jp/）

ルによって主役となる銘柄がガラッと変わるのです。**マーケット全体の下落期を狙いかつ、景気サイクルからその時最も強いセクターの銘柄を選ぶのが効果的**です。

また、長期投資の銘柄を仕込むのであれば、**その時の相場で強い銘柄よりも、次の相場サイクルで強くなるセクターの銘柄を安いうちに仕込むのが狙い目**かもしれません。**投資では常に今よりも先を見据えて考えることが肝要**です。

4 「材料出尽くし」「織り込み済み」を理解する

株は現実社会よりも早く動く

株の売買において外せないのが「出尽くし」「織り込み済み」に対する理解です。特に初心者ほどなかなか理解できない……、というより、この概念自体がフワッとしてわかりにくいです。しかし、知らないと業績絶好調の銘柄を買ったのに暴落といった事態に巻き込まれてしまいます。

普通に考えるなら、株価はよいニュースが出れば上がり、逆に業績悪化など悪材料が出ると下がると思いますよね？　それ自体は合っています。

しかし、**ニュースによって株価が反応しなくなる、むしろ逆の動きをするようなことを「材料出尽くし」。別の言い方で「織り込み済み」**といわれます。

株価には先見性があり、**現実の出来事よりも早く動きます。**材料出尽くしになると好材料であれば急落、悪材料であれば急落していたのが反転して力強く上昇します。

噂で買って事実で売る

次の決算で好業績を出すのが濃厚と見られている企業があるとしましょう。利益が上がるので、本来株価にはプラス材料のはずです。しかし、これが織り込まれていた場合、好業績が発表される決算時ではなくその前から株価は上がり出します。「この会社の株は上がるだろう」という思惑です。

そして、いざ好決算が発表された時には「知っていた」「これよりも、上がり目のない」材料のため、サプライズなく売られるのです。

投資の世界では「噂で買って事実で売る（Buy the rumor, sell the fact）」という格言があり、材料の良し悪しと現実の株価が逆に動くことが度々あります。

例えばゲオホールディングス。映像レンタル店を軸に、ゲーム・スマホ、衣料品の中古品販売にも力を入れています。業績は横ばいか微増を続けていました。２０２２年11月11日の第２四半期決算では赤字見通しでしたが、19％増益に上方修正し好決算を出しています。値上げや品薄などの影響で中古品市場が活況だったのが原因です。

しかしｐ１１８の図27の通り、翌営業日から株価は急落。好決算にもかかわらず、11月16日までのたった３営業日で19・４％も下落しました。

図27　ゲオホールディングスの株価の推移（22/8-11）

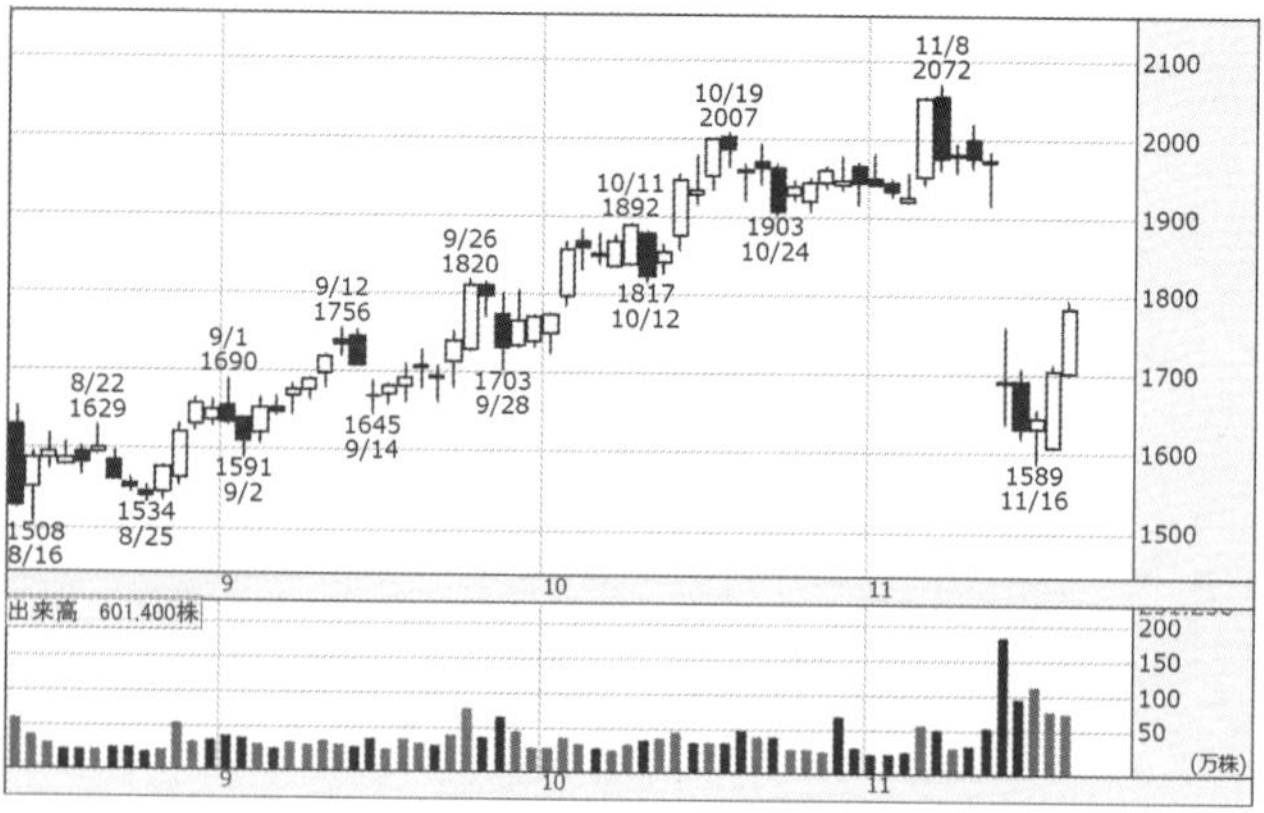

引用：株探（https://kabutan.jp/）

もう少しチャートを長く見ると22年の6月から株価をジリジリと上げ始め、11月11日の決算時には既に2倍近くになっていました。相次いだ値上げを受け、中古品市場に目を付けた投資家があらかじめ買っていたのです（p119の図28）。

しかし、物価高にも陰りが見え始め、また好決算が出たことが引き金となって利益確定の売りを誘発したと見られます。ただ、その後は再び反転上昇し12月に高値を付けています。

出尽くしで下落したとしてもそれが継続的なものか？ 一時的なものなのか？ それを考える癖をつけましょう。

高配当で有名な日本たばこ産業（JT）も、

図28 ゲオホールディングスの株価の推移（22/5-12）

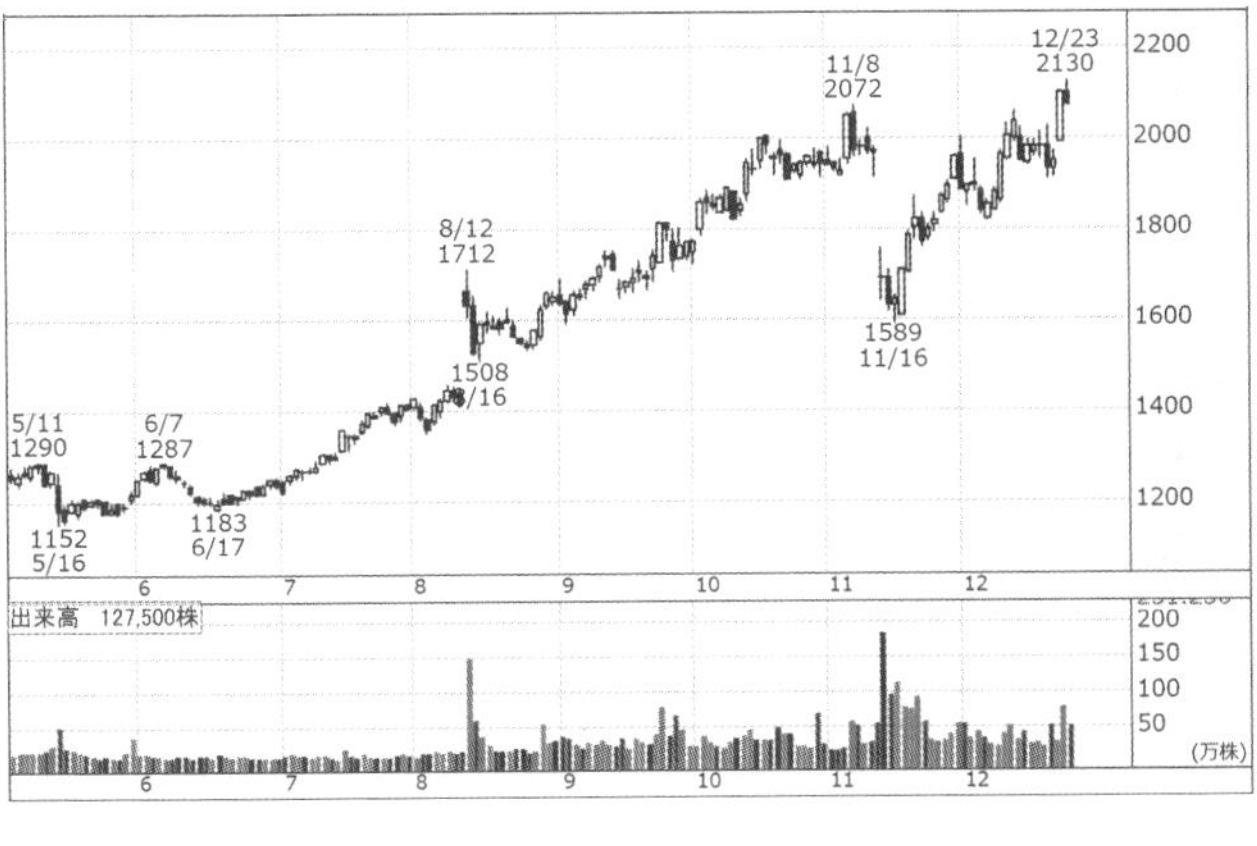

引用：株探（https://kabutan.jp/）

資料29　日本たばこ産業のロシアでの活動の報道

JT、ロシアの新規投資とマーケティング活動停止

ウクライナ侵攻　＋フォローする

2022年3月10日 22:22 [有料会員限定]

保存

日本たばこ産業（JT）は10日、ロシアでの新規投資とマーケティング活動を一時停止すると発表した。同国によるウクライナ侵攻を受け、事業環境が悪化しているため。2022年の上期を予定していた加熱式たばこの新型の発売も延期する。国内4つのたばこ工場での生産とたばこの販売は続ける。

JTはロシアでの製造についても「事業環境が大幅に改善しない限り一時的に停止する

※引用：日本経済新聞電子版2022年3月10日掲載（https://www.nikkei.com/）

図30　日本たばこ産業の株価の推移

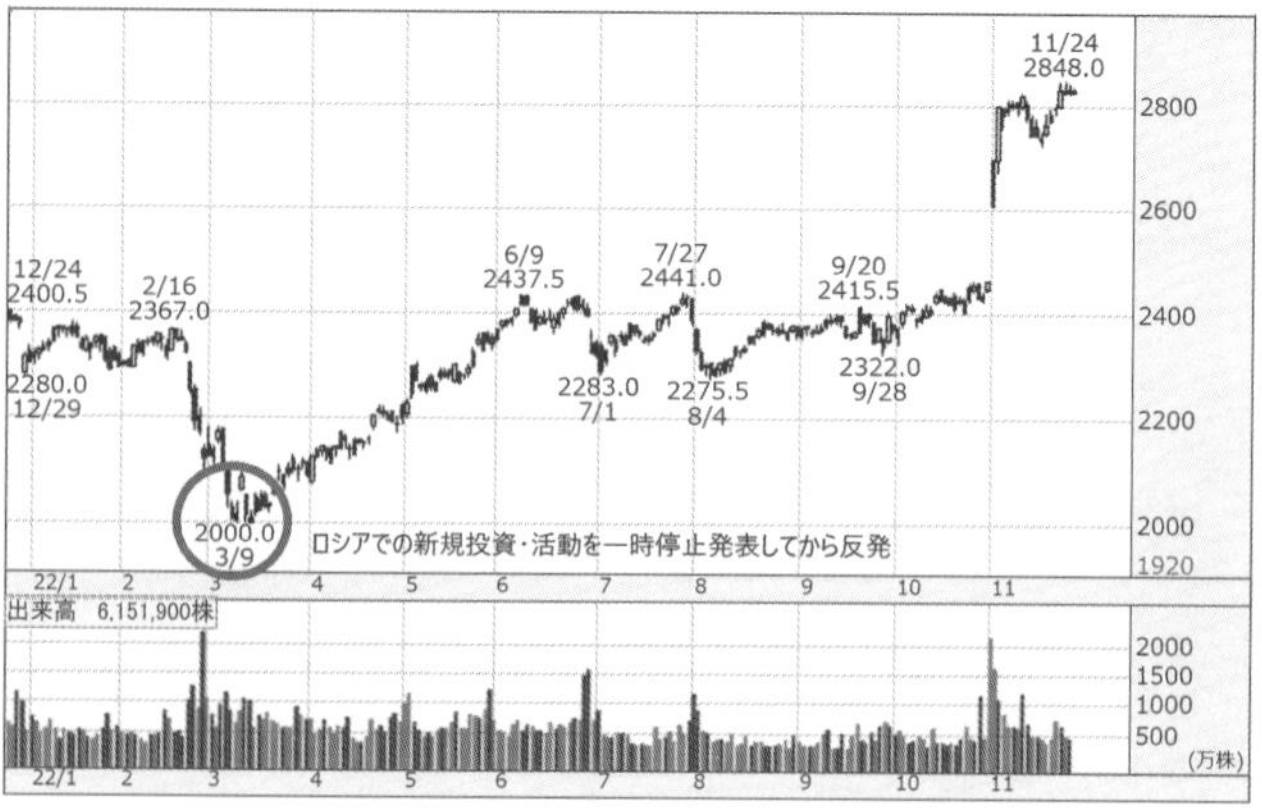

※引用：株探（https://kabutan.jp/）

２０２２年３月のロシアのウクライナ侵攻で大打撃を受けました。営業利益の２割をロシア・ウクライナ市場に依存しているのに、その２カ国が戦争を始めて事業が全停止してしまったのです。３月10日には会社からロシアでの投資取りやめの発表も出ています（p１２０の資料29）。

それでも、株価は大暴落した３月９日を境に反転上昇し、約半年後の決算では過去最高益を出しています。この時に信じて買った投資家は、40％以上も上昇益を得られています（p１２０の図30）。

他にも過去のS&P５００指数の大暴落からの底打ち（相場が下がるところまで下がって底辺に辿り着くこと）は、景気後退局面の真っ最中に起きています。つまり、実体経済が最悪の状態でまだまだ回復が見込めないうちから、株価は先に動き出すのです。

5 大底の見分け方

買う勇気を持つための3つの動機

では以上を踏まえ、株価の最安値である大底をいかに見分けるか?を話していきます。

暴落局面に出くわしてみるとわかると思いますが、あまり心理的には気持ちよくありません（笑）。むしろ恐怖感や株に対する諦めのような感情を抱くはず。

それでも、現実には絶好の買い場となります。抗う本能を説得し、積極的に株を買いに行くためには根拠が必要です。ポイントは

- **指標**
- **個別ファンダメンタルズ**
- **自分の心理状態**

の3つです。

【動機①】地合いを見る指標

特に次のような条件が揃う時ほど、相場は極端に売られ過ぎています。ピンポイントに大底と断定はできなくても、底打ちは近いといえるシグナルです。

〈大底のシグナル〉

- **日経平均騰落レシオ（25日）＝80未満**
- **日経平均PER＝12倍未満**
- **日経平均PBR＝1・1倍未満**
- **恐怖指数（VIX）＝30以上**

これらの数値は目安であり、大暴落時は極端に数字が振れます。騰落レシオが50を割ったり、VIXが40以上になるなどです。

そのような場面で株を買いに行くと大きく含み損になることもありますが、長期間含み損になる可能性は低いです。目先のプラスではなく、じっくり上がるのを待つスタンスで臨みましょう。

私自身もコロナショックの大暴落で株を買いに行ったものの、連日の混乱による暴落で一気にマイナスが拡大した時は冷や汗をかきました（笑）。

余裕資金で運用し、買った後にさらに下落しても買い増しできるよう、ポイントを分散して買いに行きましょう。

【動機②】個別のファンダメンタルズ

詳しくは第5章でも解説しますが、高配当企業ならなんでもかんでも選んでよいわけではありません。配当利回りも大事ですが、**「暴落局面においてもその企業が稼げているか？」「財務に問題がなく継続的に配当を支払えるか？」**という観点で、必ず分析を行うようにしましょう。

前述した**セクターローテーションも重要**です。いくら期待のハイテク株とはいっても、金利上昇の局面ではボロボロに売られます。逆に、金融相場で経済が持ち直しているのにディフェンシブ株ばかり買っていると大して上がらず、力強く上昇するシクリカル銘柄の流れに乗り遅れてしまいます。相場サイクルをしっかり捉え、その時の状況に合った業種の銘柄を選ぶようにしてください。

ポートフォリオ（保有株の組み合わせ）の中で、**特定の業種に偏らないように**も気をつけてください。例えば、配当利回りがよいからと銀行などの金融株を持っていると、景気の後退局面で大暴落し、資産を大きく減らしてしまいます。実際、日本を代表するようなメガバンク3行はいずれも、「株価2倍↕半減」を過去何度も繰り返しています。しかし金融株ばかりでなく、例えばインフレに強いエネルギー株や、景気後退に強いヘルスケア株を組み入れれば、資産評価額の目減りを防いでくれます。

【動機③】最後に必要なのは勇気

個人なのに企業の大株主に名を連ねてしまうような大物投資家の方の講演プロデュースをしたことがあります。投資歴は学生の頃から30年以上、1銘柄だけで50億円も投じられるようなレベルです。

その方が仰っていたのは「投資は勇気」ということでした。**どんなに分析・準備をしても、相場では損するリスクと隣り合わせ**です。努力むなしく資産を減らしてしまうこともあるでしょう。

そんな不条理な世界でも、精一杯考え勇気をもってお金を投じるからこそ、労働だけでは難しい莫大な資産を築くことができるのです。

投資に限らずですが、そうやって**考えと経験を重ねてスキルは磨かれていきます。**

特に暴落局面では、優良な会社であっても目の前で下がっているチャートを見るとどうしても及び腰になりがち。平常時ならそこが買い場だとわかっているのに、です。

だからこそ、準備をしたら最後は「エイヤ！」の心意気が大事です。私も、過去の大暴落局面で恐る恐る買いに行き、直後にマイナスが拡大して後悔したこともありましたが、相場の回復を見越して持ち続けた成功体験があります。**恐怖の中で買った株のポジションは、その後お宝ポジションになると、はっきり腑に落とせているのです。**

この「腑に落とす」ためには、どうしてもあなたの行動が必要となります。とはいっても、いきなり大金を投じる必要はありません。無理なく置いておける金額でいいので、暴落時に勇気を出して買いに行くという経験をぜひ一度はしてみてください。きっと、それまでの投資観が変わるきっかけになると思います。

第5章

時を味方につける「増配株」のパワー

――高配当、増配ならOKというほど単純にあらず。勝率を上げるための必要最低限の知識

1 時を味方につけて資産形成！ 再現性が高い増配株の魅力とは？

インデックス投資ではあり得ない利益を手堅く取りに行ける

地合いを読み買い時をしっかり心得れば、株式の長期投資は強力な資産形成手段になります。一言でいってしまえば、**一度買ったら持っているだけ。**月日が経つごとにどんどん資産が膨らんでいきます。

特にここで取り上げる「連続増配株」は、買った当初の利回りが大したことなくても、配当金を毎年増やしてくれるので、元の投資額に対しての利回りがどんどん上がっていくのです。

冷静に考えて、厳しいビジネスの世界で毎年株主に高い配当金を出せるのは、**業績が安定した超優良企業ばかり。**しかも、利益成長にコミットし続けてくれるので、長期間株主であるほど手厚いリターンを得られます。

この話をすると、小額の資金で投資している方からは「そんな気長に待っていられない」「もっと急成長する企業の株を買いたい」と言われがちですが、侮ることなかれ。時間はかかっても、信じられないパフォーマンスを発揮することがあります。**そのレベルは、インデックス投資の比ではない**です。

センサーや測定器、画像処理機器などを製造してきたキーエンス。日本一給料の高いモンスター企業として有名ですが、１９９２年の年初来安値が５８３円、当時の配当金が15円のため配当利回りは２・５７％でした。

それが長年成長し続けることにより、２０２１年９月に７６２１０円の高値をつけ**30年**

図31　キーエンスの月足チャート

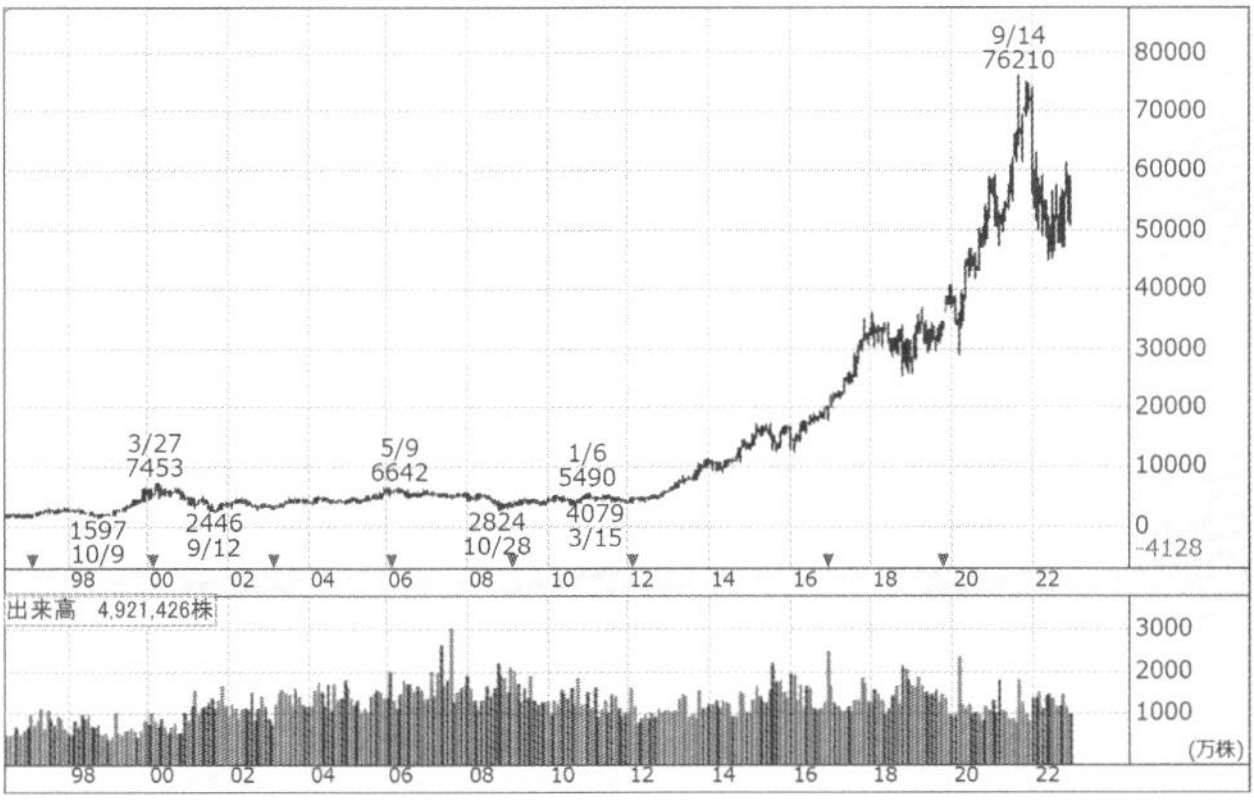

※引用：株探（https://kabutan.jp/）

間で株価は約１３０倍。配当金は２０２３年３月期が３００円なので、５８３円で買ったままであれば、配当利回り約51・5%という異常な利回りになります（図１２９の図31）。言い方を変えると、**投資資金に対して１年で約50%のリターンが確約された**資産を持っているということです。

米国ニュージャージー州に本社を置く、ジョンソン・エンド・ジョンソン（ＪＮＪ）。製薬、医療機器ほかヘルスケア関連製品を取り扱う多国籍企業で、株を買っていない人でも日常的になじみ深い銘柄だと思います。

米国は連続増配のレベルも段違いで、ＪＮＪはなんと60年以上にわたり連続増配を続けています。１９９３年末の株価が９ドル。こ

図32　ジョンソン・エンド・ジョンソン（JNJ）の月足チャート

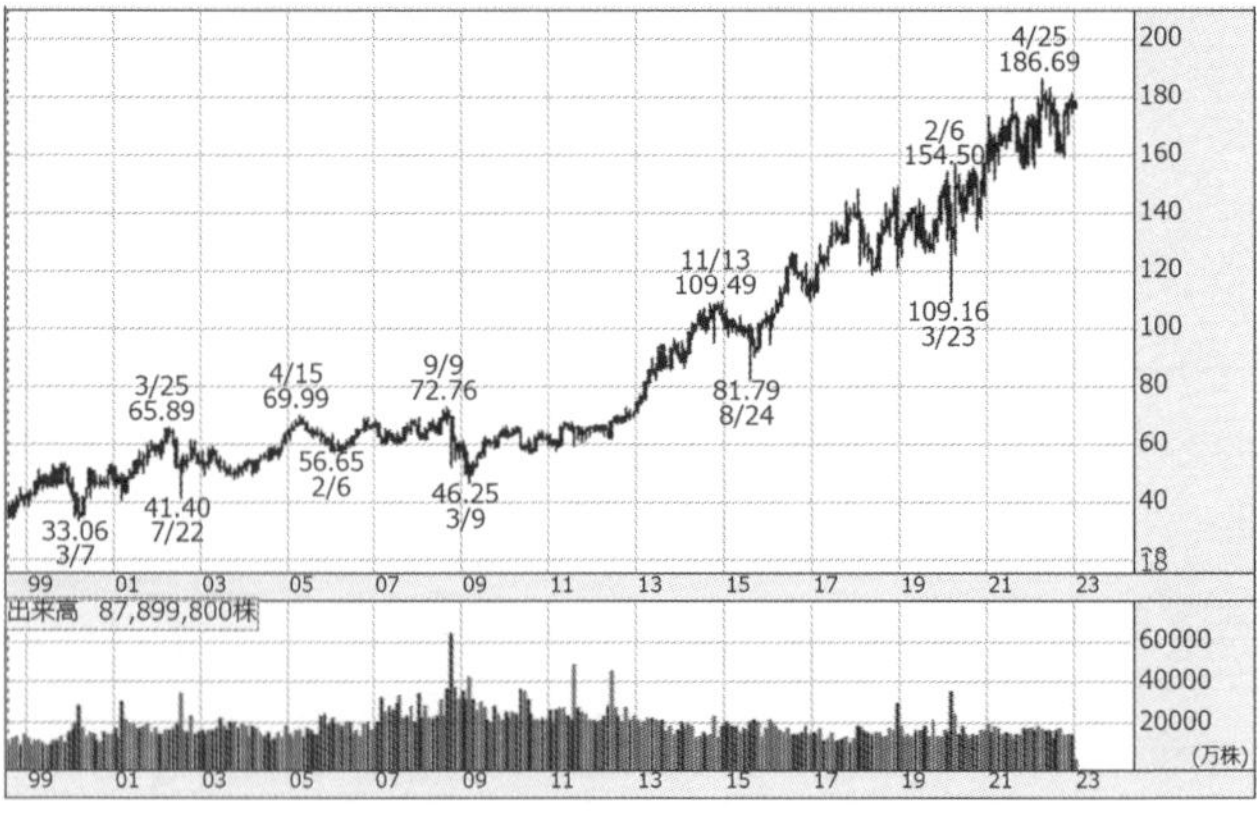

※引用：株探（https://kabutan.jp/）

の時の配当利回りがおよそ2・5%でした。

ところが、株価は30年かけてじっくり上昇し20倍に（p130の図32）。2022年末のJNJの年間配当金が4・52ドルなので、もし株価9ドルの時に買ったまま保有していれば、こちらも年間配当利回り約50%というとんでもないリターンをもたらしているのです。

これこそが増配株の威力です。もちろん、今挙げた2社はかなり上手くいった例でもありますし、事業環境の変化によっては業績が傾いてしまう銘柄もあります。

ですから、それについては第3〜5章をよく読み込んで銘柄の見極めをしてもらいたいです。

しかし、安定して利益を出し続けている会社の株であれば、暴落してもいずれ元に戻りますし、少なくともチャートとにらめっこして短期売買で消耗するよりもよほど再現性があります。できるだけ**普遍的な業界の銘柄を、暴落時にのみ拾うというのがポイント**です。

②「安定型高配当」「成長型増配」それぞれの選び方

①成長性は低いが安定高配当

値上がり益はそこまで求めず、リタイア後に長くインカムで安定的に配当収入を得たいという方にお勧めの選び方です。高配当を前提にしていたのに途中で減配や無配当になってもいけませんので、

・長期間配当が安定する可能性が高い
・その会社の事業自体が盤石《ばんじゃく》で利益のブレが小さい

この2点を重視して銘柄を選ぶポイントを解説していきます。

ディフェンシブである

ビジネスとはどうしても浮き沈みがあるものですが、それでもできるだけ経済環境の影

響を受けにくい業種を選びましょう。以前の章からも出てきていますが、やはりここはディフェンシブが該当します。

景気が悪くても一定の需要が発生する業種で、インフラ（電気水道など）、通信、日用品、食料品、医薬品などが該当します。これらは生活する上で必要不可欠なので、どんなに経済環境が悪くても人々が優先的にお金を払います。

高配当であり配当性向が低い

ディフェンシブは成熟産業が多く、**成長性がどうしても低くなりがちです。だからこそ、株主還元策として高い配当を毎年出し続けています。**

ただし高配当というだけでなく「配当性向」も見るようにしましょう。配当性向とは、1株配当÷1株利益で計算され、企業が出した最終利益のうち何％が配当金で支払われているか？という指標です。1株配当180円、1株利益が600円の企業があれば、配当性向＝180÷600＝30％になります。

企業からすれば配当金は外に出て行くお金ですので、その割合は小さいほうが望ましいです。配当性向100％を超えると、利益を全て配当で吐き出す状態になるので、会社にお金がたまらず次への投資もできず危険です。やがてジリ貧になり配当自体も支払えなくなるでしょう。

ですから、高配当でも配当性向は必ず計算してください。参考までに、少なくとも**過去5年で配当性向が60％以下に抑えられているか？が私の基準**です。

高いマーケットシェアを誇る

ただ、ディフェンシブで高配当で配当性向が低い銘柄というだけでは不十分です。できるだけ**マーケットシェアが高い＝業界のNo.1企業を選ぶ**ようにしてください。

企業には競争相手がおり、相手との優位性は日々変動していくものです。あなたが投資している企業が、競争に負けて利益を減らしては困りますよね。

しかし、圧倒的に高いマーケットシェアがあると、人々はその企業からモノやサービスを購入せざるを得ません。この状態を寡占的《かせんてき》といいますが、事例で紹介していきます。

例えば、NTT（日本電信電話）。言わずと知れた日本の通信大手企業。電話やインターネット回線など、日本に住むなら何かしらでNTTのお世話になっているはずです。

図33　NTTの売上高・営業利益の推移

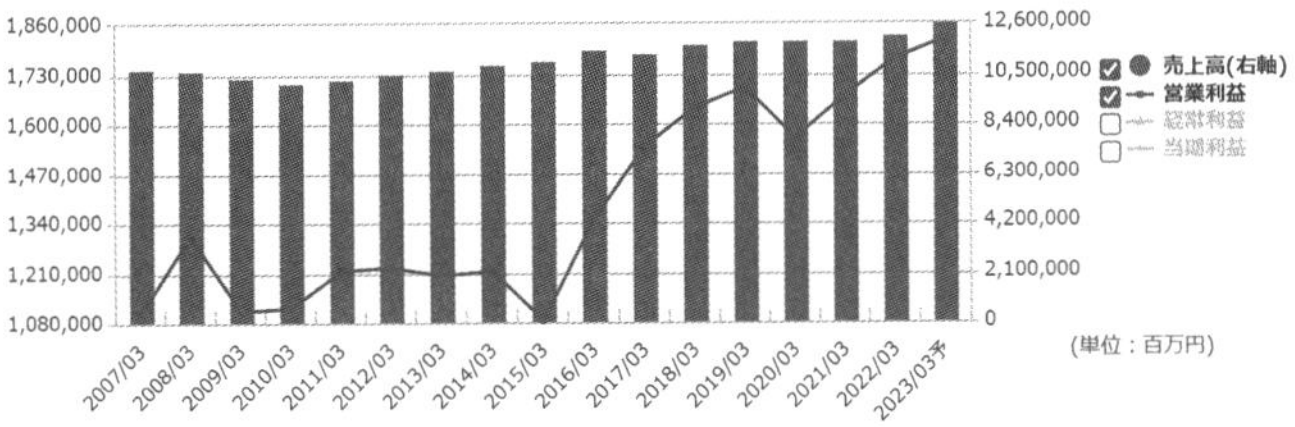

※引用：マネックス証券　銘柄スカウター

図34　NTTの1株配当の推移

1株配当推移

2013/03	40.00 円
2014/03	42.50 円
2015/03	45.00 円
2016/03	55.00 円
2017/03	60.00 円
2018/03	75.00 円
2019/03	90.00 円
2020/03	95.00 円
2021/03	105.00 円
2022/03	115.00 円
2023/03(予)	120.00 円

※各期の配当は最終更新日付時点の株数に換算した値を表示しています。

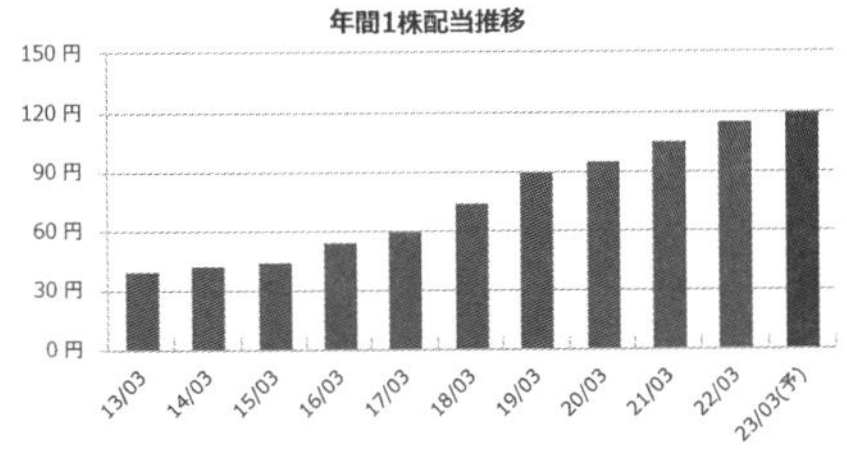

※引用：マネックス証券　銘柄スカウター

ＫＤＤＩやソフトバンクといったキャリア競合他社はいるものの、国内シェアトップでわかりやすい寡占企業です。まず倒産することは考えにくいですし、ＮＴＴに何かあるなら株価どころか国家存亡の危機に陥っているでしょう。

低成長ではありますが、売上高・営業利益は見ての通り地道に上げてきており（ｐ１３５の図33）、配当金も２０２２年３月期時点で11期連続の増配。２０２０年に私が安値で買った際の配当利回りは４・５％でした。

三井住友フィナンシャルグループ（ＦＧ）も安定配当株の例として面白いです。配当金を安定して維持しており、株価ラインによっては利回り５～６％という時も珍しくありま

図35　NTTの月足チャート

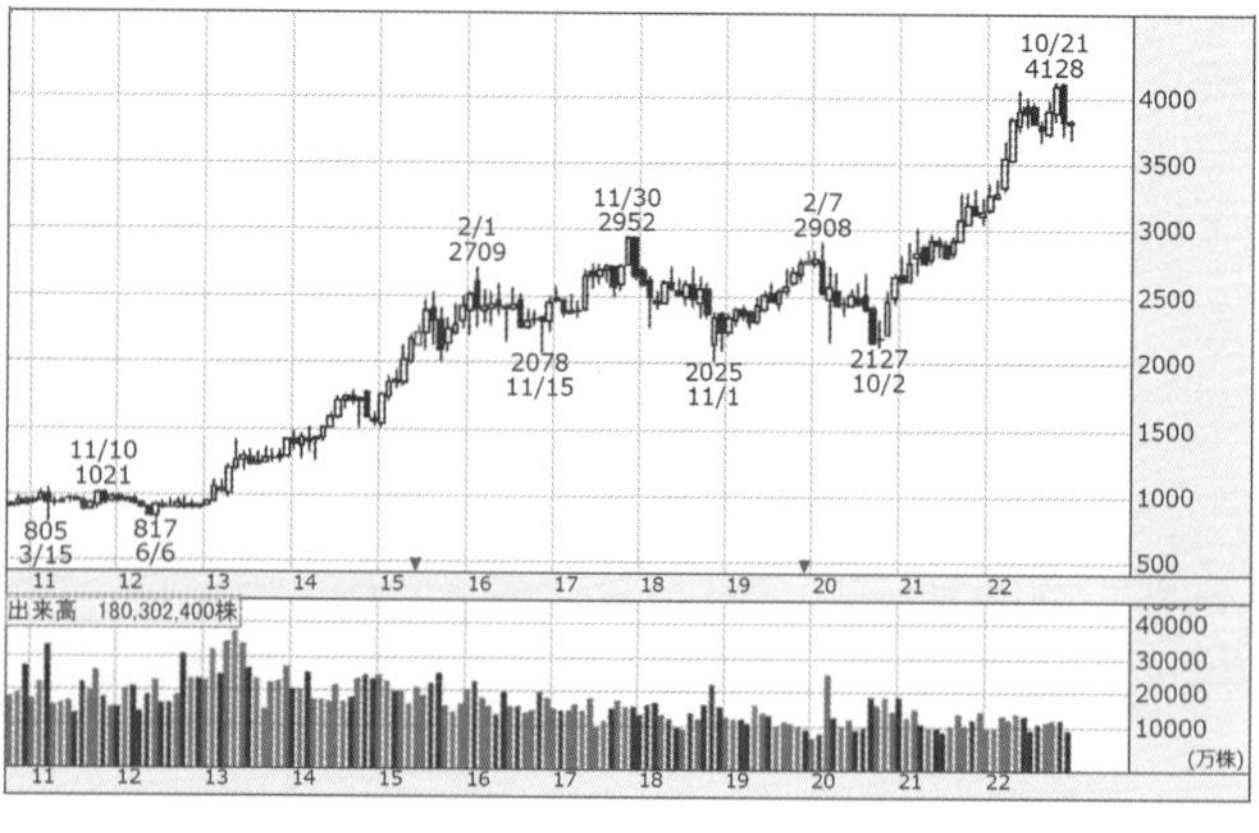

※引用：株探（https://kabutan.jp/）

せん（p137の図36）。22年12月に日銀が発表した実質的な利上げによって株価は上がってしまいましたが、もともとボラティリティが大きいので暴落時にこそ狙いたい銘柄です。

銀行というと、貸し出しの利ザヤで稼ぐ前時代的な印象を持たれる方も多いです。しかし、基本の銀行業以外に顧客の資産運用アドバイスや投資銀行、さらには別分野へのM&Aなど幅広く展開しています。また、三井住友FGの2022年3月期の海外売上は36・2%を占めており、縮小する国内を飛び出して海外からの収益も伸ばしているのです。

累進配当といって、配当金を一定ラインまで増やすことを約束している企業もあります。

図36　三井住友FGの1株配当の推移

	1株配当	配当利回り	実績配当性向
2022/03	210.00 円	4.51 %	40.7 %
2023/03(予想)	230.00 円	4.94 %	

連続増配年数	1期

年間配当履歴

1株配当推移

2013/03	120.00 円
2014/03	120.00 円
2015/03	140.00 円
2016/03	150.00 円
2017/03	150.00 円
2018/03	170.00 円
2019/03	180.00 円
2020/03	190.00 円
2021/03	190.00 円
2022/03	210.00 円
2023/03(予)	230.00 円

※各期の配当は最終更新日付時点の株数に換算した値を表示しています。

年間1株配当推移

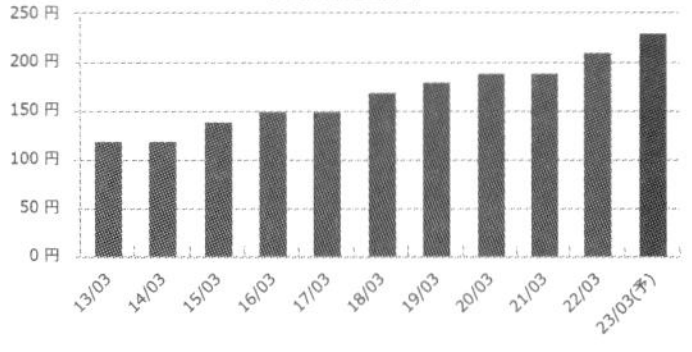

※引用：マネックス証券　銘柄スカウター

三井住友ＦＧであれば、２０２２年度までに配当性向40％を目指すと発表しており、22年以降は不明なものの株主還元策を意識した動きを今後も取ると思われます。

　ネックとしては、銀行業自体は景気変動の影響を受けやすいことが挙げられます。実際にチャートを見ても、乱高下しているのがわかると思いますので、買い時には注意したいところ（ｐ１３８の図37）。しかし、三井住友に三菱ＵＦＪ、みずほを加えた３大メガバンクの地盤は盤石です。この３行に何か危機があった場合は、そもそも株どころではない状況でしょう。

　ですから、大きく暴落してしまった時に耐えられるよう、投資する資金量は考慮が必要

図37　三井住友FGの月足チャート

※引用：株探（https://kabutan.jp/）

なものの、長期の候補としてメガバンクもリストに入れるといいでしょう。

安定高配当株の注意点

以上のようにほんの一部の例でしたが、日本・米国を中心に長年高配当を出し続ける優良企業が多数存在します。

さらにいえば、いくら成熟産業で成長が見通しづらくても、「全く成長しなくていい」ということではありません。企業は時代の変化に対応しなければいけませんし、業績が下がってジリ貧になると、前提としていた高配当も危うくなります。場合によっては生き残り自体が難しくなるでしょう。毎年少しずつであったとしても、売上高・利益が成長している高配当企業に投資するのが望ましいです。

また、需要の安定している業界の企業でも、思わぬアクシデントで180度前提が変わってしまう場合もあります。東京電力は2010年までは収益安定のインフラ企業で、配当もコンスタントに出してきました。一部の投資家からは、元本が割れない商品である「債券」と言われていたくらいです。

ところが2011年3月の東日本大震災で、原発事故が発生。国家を巻き込む多額の損失が発生し、株価は年初の1994円⬇148円と92・5％の大暴落。収益が急速に悪化し、配当金も無配に転落したまま現在まで来ています。

このケースのように、**いくら安定企業といわれていても前提が変わってしまった場合は、保有し続けることはできません。**そもそもの投資理由である高配当が期待できなくなった状況では、損失を覚悟してでも売却するのをお勧めします。

②高い成長が見込める増配株

一方、「高い成長が見込める増配株」は、買った時の配当利回りはそこまで高くないですが、長期間保有することによって株価の成長も求めていくスタイルになります。

この前に紹介した安定高配当株が「配当利回りは高いが低成長」であったように、たいていの場合、配当利回りと成長性はシーソーの関係にあります。

しかし配当利回りは低くても、株価が20％でも30％でも上がってくれれば、利回り5％の高配当を得るだけよりも遥かにパフォーマンスがいいです（※安定高配当株も、暴落時に買えればしっかり値上がり益を得られますが）。

高成長を求める場合、目先の配当利回りではなく、一株当たりの利益（EPS）と配当金の伸びを重視していきます。

高成長高配当株として全国保証が好例です。全国保証は独立系の住宅ローン信用保証会社で、国内約７３０の金融機関と連携し、住宅ローンを借りる人への連帯保証人請負をしています。

保証債務残高15兆円、保有契約件数80万件は、国内トップクラスです。22年３月期時点で10期連続増配しており、株価も徐々にではありますがなだらかな上昇トレンドで推移しています。

２０１４年３月期時点での１株配当は30円、

図38　全国保障の売上高・営業利益の推移、平均成長率

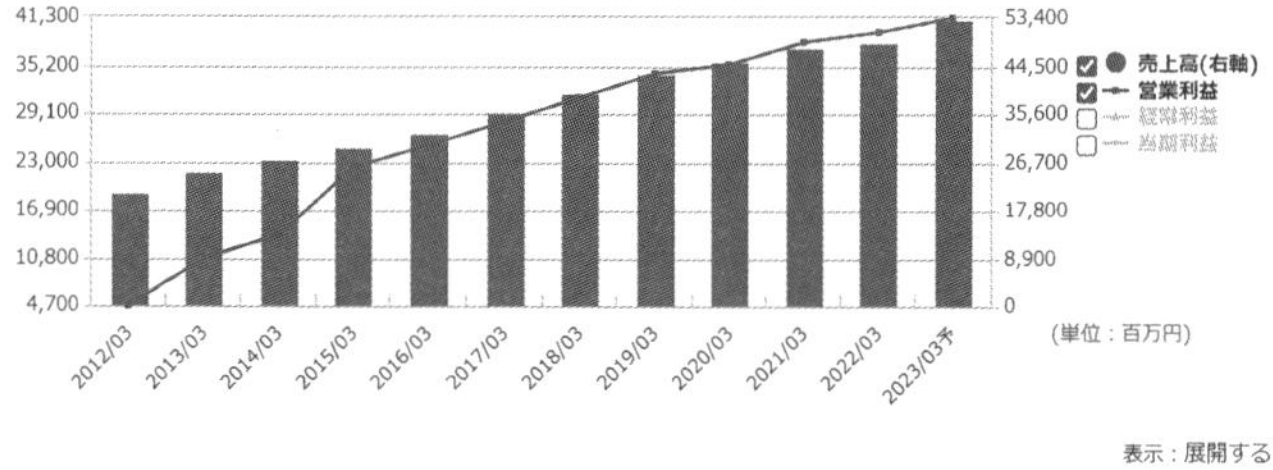

平均成長率

	売上高	営業利益	経常利益	当期利益
3年平均成長率	4.2%	4.9%	4.9%	4.9%
5年平均成長率	6.3%	7.0%	6.9%	7.3%
10年平均成長率	8.7%	23.6%	23.2%	29.9%

※引用：マネックス証券　銘柄スカウター

図39　全国保証の月足チャート

※引用：株探（https://kabutan.jp/）

図40　全国保証の１株配当の推移

1株配当推移

2013/03	21.50 円
2014/03	30.00 円
2015/03	48.00 円
2016/03	55.00 円
2017/03	62.00 円
2018/03	80.00 円
2019/03	87.00 円
2020/03	95.00 円
2021/03	117.00 円
2022/03	133.00 円
2023/03(予)	148.00 円

※各期の配当は最終更新日付時点の株数に換算した値を表示しています。

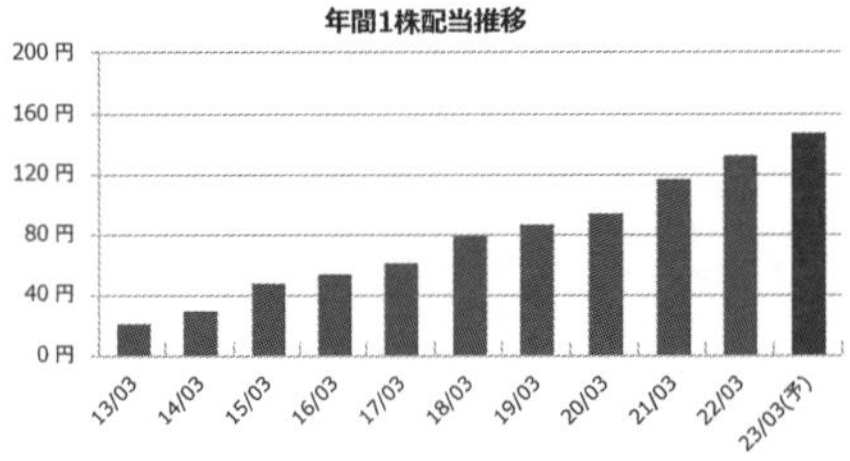

※引用：マネックス証券　銘柄スカウター

年初の株価が２１００円でしたので、配当利回りは１・４２％と高くありませんでした。

しかし、アベノミクスによる低金利政策で不動産需要が増し、業績が急成長。毎年、売上高や利益が上昇しているのがわかると思います（ｐ１４１の図38）。

株価も２０２１年９月に高値５８８０円を付けるなど、２・８倍になりました（ｐ１４２の図39）。

それだけではありません。好業績に伴って配当金も増加しています（ｐ１４２の図40）。成熟企業の連続増配は業績が振るわない年にも行うため、どうしても無理が生じがちですが、全国保証は業績が着々と成長する中での増配のため、余裕をもって配当金を引き上げられています。

２０２３年３月期の配当は１４８円。もしも２０１４年初頭の株価２１００円で保有したままであれば配当利回りは７％と超高配当な上、そこからも毎年配当金を受け取り続けられるのです。

③ 企業業績はここだけ見ろ！　具体的に解説

　ここでは、銘柄を選ぶ上で外せない企業業績について解説していきます。

　企業の分析には無数の指標があり、継続して勉強していく必要はありますが、初心者の方でも最低限これは押さえてほしいと思う指標について厳選してまとめました。

売上高

　売上高とは、**企業が商品やサービスを販売することで稼いだ合計金額のこと**です。営業活動から発生し、損益計算書では一番上に表示されます。

　その数字が大きければ大きいほど業績が成長していると判断されますし、当然ですが企業は売上を立てないと存続できません。売上はそこで働く従業員の給料や新たなサービスへの設備投資、株主への配当、最終利益へと繋がるので、その大きさが企業の成長にダイレクトに繋がります。

ですから、よく「利益率」で企業の優秀さを測る人がいますが（否定はしませんが）、**絶対値としての売上・利益金額がまず大きくなる必要があります。**十分な売上がなく利益率ばかり高いと、企業が長期にわたって成長する上での基盤がしっかり形成されていないことだってあるからです。

また、新興の伸び盛りの企業ほど売上成長率も高い傾向にあり、それと比べてしまうとインフラ企業のような成熟産業は、そこまでの急成長はめったに起きません。とはいえ業種問わず、売上高は伸びていたほうが望ましいです。

海外売上

日本企業であれば、特にこの「海外売上」が長期的な発展を考える上で非常に重要です。

多くの方がご存知の通り、日本は人口が減少し経済規模が縮小する運命にあります。これまで単一の島国で1億3000万人のマーケットがあったから経済大国でいられたものの、これから先そうは行きません。小さくなるパイの中での奪い合いは消耗戦です。

しかし、ひとたび世界に目を向ければ、逆に人口は増加傾向にあり持続的に経済が成長しています。また、日本は自動車や電気機械といった工業が産業の多くを占め、円安局面になると収益を伸ばしやすい構造にあります。ひと昔前なら加工貿易による輸出、現在では海外の現地法人が稼ぐ外貨が円安によって上乗せされるのです。

例えば、バイクのエンジンの世界的企業であるヤマハ発動機は、インドや東南アジアでの需要増加とここ10年の円安トレンドに乗って好業績を連発しています。釣具や自転車ブレーキを製造・販売するシマノも海外売上が90%で、欧州やアジアを中心に稼いでいます。

世界の成長を取り込んでいく企業は業績を長く向上させられますし、**海外売上がない企業は危機感を抱いたほうがよいレベル**です。

営業利益

営業利益とは一言でいうと、**企業が主たる営業活動（本業とも呼ぶ）で稼いだ利益**のこと。計算式としては、売上高から売上原価を差し引いた「粗利益」から、さらに「販売費および一般管理費」を差し引いて算出します。営業利益＝粗利益－（販売費＋一般管理費）で求めます。

飲食店が料理を提供するために食材を仕入れるように、商売はまず商品の材料を仕入れて加工し、販売するのが一般的です。その際に、商品の売上高から仕入れ値を差し引いた額が「粗利（別名：売上総利益）」となります。

しかし、売上を作るためには仕入れ以外にも様々な費用が発生します。そのような本業の活動のために使った費用を「販売費および一般管理費」といい、人件費・賃料・水道光熱費・消耗品費などが挙げられます。

それらを差し引くと、営業利益が残ります。営業利益がしっかり残せていれば、持続的な商売ができているといえます。

そのため営業利益が大きく伸びていれば、本業で儲かっているといえますし、逆に営業利益がマイナスであれば本業が厳しい状態と見ることができます。

売上における営業利益の割合である**営業利益率**（％）も重要ですが、これは単に○％ならよいということではなく、業界ごとに水準が変わってきます。ですから、**必ず同業他社や業界平均と比べて判断するようにしましょう。**

自己資本比率

企業の**総資産の中で自分たちが自由に使えるお金を「自己資本」といい**、借り入れなど外部から調達したお金を「他人資本」といいます。自己資本比率とは、総資産に対する自己資本の割合を意味します。

他人資本がいつかは返済しないといけないお金なのに対して、自己資本には返済義務がありません。この自己資本比率が高いほど、借金の返済で利益を圧迫することも少なくなります。

自己資本比率が高いと配当の支払いなども自由度高く行えるため、会社の安定性を測る上で重要な指標の1つです。一般に自己資本比率40％が普通、60％を超えると高いといわれます。

ROE（自己資本利益率）

ROE（自己資本利益率）とは、**投資家が出したお金に対し、企業がどれだけの利益を上げているかを表す指標**です。ROE＝Return On Equityの略です。

ROE（％）＝当期純利益÷自己資本×100で計算され、ROEの数値が高いほど経営効率がよく稼いでいると見られます。

逆に経営効率の悪い企業は投資家から避けられやすく、特に米国株でその傾向が顕著に出ます。

キャッシュフロー

キャッシュフローとは、その名の通り**「キャッシュ（現金）の流れ」**のこと。ある期間にどれだけの現金が流入・流出したか？という、実際のお金の流れを示します。キャッシュフローは以下の3種類に分かれます。

営業キャッシュフロー

本業の活動による資金の増減のこと。

これがプラスの会社は、本業が順調に行っているということであり、逆にいえばマイナスの企業は本業で苦戦しており、現金不足で苦しんでいることがわかります。企業として成り立つためには、原則プラスでないといけない指標です。

投資キャッシュフロー

固定資産や株債券などを取得したり売却したりした際の現金の流れのこと。

通常、営業活動を行っていくためには設備投資などの固定資産への投資が必要です。そのため、**優良企業はマイナスであることが多い**です（投資にお金を使った場合は、マイナスの表記）。

逆にプラスの場合は、会社が持っている設備や、株・債券などの証券を売った金額が投資分を上回っているといえます。

財務キャッシュフロー

キャッシュ（現金）の不足分を財務面からどう補ったのか？を表します。

例えば、借入金や社債などで資金調達した場合、手元の現金が増えるため財務キャッシュフローはプラスになります。

逆に、株主に配当を支払ったり自社株買いをしたり、借金を返済したりした場合は、現金が出て行くのでマイナスになります。

高配当の優良企業は、この項目はマイナスであることが多いです。

一方で、積極的に成長を目指す企業は借入金などの資金調達も多くなり、財務キャッシュフローがプラスだと好材料視されることがあります。

配当利回り

株に投じた資金に対し、1年間でどれだけ配当金を受けることができるか？を示すのが配当利回りです。

配当金が500円で株価2万円の銘柄Aと、配当金が2400円で株価12万円の銘柄Bだとどちらが配当金を多くもらえるか、パッと見ではわかりません。そんな時に、投資した資金に対しての配当リターンを計算できるモノサシが配当利回りです。

計算式は、配当利回り（％）＝1株の年間配当金÷1株購入価額×100となります。

先ほどの例で比較すると

・銘柄Aの利回り＝年間配当500円÷株価2万円×100＝2・5％
・銘柄Bの利回り＝年間配当2400円÷株価12万円×100＝2％

となり、配当金額は低くても利回りは銘柄Aのほうが高いことがわかります。

勘のいい人ならわかる通り、配当金が同じであったとしても購入株価が下がれば必要資金が少ないので配当利回りが上がり、逆に購入株価が上がれば配当利回りは下がります。

配当性向

配当性向は、**利益に対しての配当金の割合を示す指標。**配当性向(%)＝1株当たりの配当額÷1株当たりの当期純利益×100で求められます。つまり、企業が当期純利益のうちどれだけを配当金の支払いに充てたか?を表す指標です。

企業は将来の事業活動のために利益をしっかり残すことも役目ですので、高配当企業とはいっても配当性向は低いほうがいいです。

配当性向が100%を超えるようだと、配当金の支払いで利益を吐き出してマイナス。そんな状態は続きませんので、経営の立て直しで減配・無配転落になってしまうこともあります。

そのため、時期によって変動はしますが、配当性向が60%未満で推移し続けているのが望ましいです。

連続増配記録

連続増配とは、**配当を前年比で増やし続けること**です。時が経つほど配当金が増えるため、株主にとって長期保有のメリットがあります。米国株では60年以上増配を続けている企業が多数あり、日本でも花王が30年以上増配を続けています。

当然ですが、ただ配当金を増やせばいいのではなく、その分だけ毎年利益も上げていかないといけません。連続増配を達成している企業はそれだけ、長期での業績を成長させてきたひと握りの超優良企業といえます。

この連続増配のパワー、投資家なら侮れません。1999年に花王の株を買うと2500円の株価に対し、配当金16円。配当利回りは0・64%でした。しかし、その後も花王は配当を上げ続け、2022年当時148円まで上がりました。

もし株価2500円のまま保有していたら、配当利回りは5・92%まで引き上がります。さらに、株価も一時9000円台まで付けたこともありますので、最大値上がり率は約4倍。持っているだけで、インカムゲイン・キャピタルゲインともにたっぷり確保できるのです。

ただし、**連続増配も昔からの習慣で、無理して続けている企業も散見されます。**業績が悪くなってきているのに、強固に株主還元策を行ってきた結果、後戻りできなくなっているのです。このパターンには注意してください。

だからこそ、**利回りや増配記録だけでなく、売上高の伸びや配当性向も気にする必要があります。**

隠れ増配

年によって増配したり・しなかったりですが、何年も配当金をキープし続けてくれる「隠れ増配」銘柄も貴重です。増配するかはその年の業績によりますが、少なくとも**前年より配当金を減らすことがない**ので、株主としても安心です。

毎年増配してくれるのは有難くても業績悪化するとリスクになりやすい一方、こういった**隠れ増配株は配当性向も安全圏を保ちながら運用している傾向**にあります。

30年以上減配していない企業として、信越化学工業や武田薬品工業などが挙げられます。

一見配当利回りが高くなくても高い確率で配当が期待できるのであれば、無理して連続増配している企業より安定するかもしれません。

4 日中のチャートチェック不要！ サラリーマンもできる投資ノウハウ

朝に数十分確認したら後はほったらかし

ここまでの内容を押さえておけば、長期でリターンが見込める優良銘柄を選別し、暴落時に買って仕込むことができます。私も実際にやっている投資スタイルですが、**日中のチャートチェックは一切不要**です。

朝起きたらサイト「世界の株価（https://sekai-kabuka.com）」を開いて、前日の株価の動きをチェックして終わり。株の売買が必要なら、日本の株式市場が始まる朝9時までに成行注文を入れてそっと画面を閉じます。

米国株も同様で、日本の22：30（毎年11～3月の冬時間は23：30）に市場が動き出してから30分以内しか見ないです。深夜までディスプレイのブルーライトを浴びていると、睡眠の質が悪くなって翌日のパフォーマンスに影響しますから。

特に日中お仕事で忙しいサラリーマンの方は、むしろ相場から離れたほうがいいです。投資資金の源泉である稼ぎを増やすために仕事に勤《いそ》しみ、ご自身の市場価値を高めることに全力を掛けましょう。変にマーケットや持ち株の損益は気に留めないほうが賢明です。

ですから、実売買にかける時間は最低限です。**月1回でいい**くらい。私自身も企業の代表取締役をしている立場上、日中は生徒さんのフォローだけでなく、浴びるほどのメッセージ通知に膨大な意思決定を行っています。そんな中で、いちいち自分の持ち株に気を回していられません。その状況から逆算して今の投資スタイルに辿り着きました。

コレという銘柄を相場の暴落期に買えたら、後はひたすら持ち続けるだけ。変に売買を繰り返さないほうが精神も時間も消耗しないですし、手数料もかかりません。

もちろん、ボーッと持ち続けるだけではスキルが育たないのもあるので、思いがけず急上昇したら途中で利益確定するのもお勧めしています。

テクニカル指標で見るのもいいですが、+20〜+50%など、一定の値上がり率を基準に利益確定してもいいと思います。特に最初の頃は知識も少なく、前述した「材料出尽くし」といった複雑な概念もピンときませんので。

だからこそ、成功体験を積むという意味でわかりやすい数値で利益確定するのもアリだと思います。

5 投資判断に影響する決算の考え方

決算前後、配当の権利付最終日直前は買うな

企業の四半期決算は、株価によくも悪くも重大な影響を与えます。**決算前後は思惑が錯《さく》綜《そう》して値動きが荒れやすいため、売買は控えるようにしましょう。**

特に注意したいのが、好決算期待で上がってきた銘柄。たいてい「思惑」で買われるケースが多いため、いざ決算発表後に出尽くしで売られることが少なくありません。四半期の決算では次の決算までに約3か月のラグがあります。その中で**最も市場が暴落している時期に買いに行ってください。**

また、**配当の権利付最終日の直前に、配当目的に銘柄を買うのも避けましょう。**権利付最終日とは、株主がその銘柄を持っていることで配当を得る権利を確定できる最終売買日のことです。

各企業が定めている権利確定日に株主名簿に掲載されていないと、配当や優待が受け取れません。ただ、**その日に滑り込みで買いに行くと、同じような思惑を持った投資家の買いで株価が上がってしまっているケースがあります。**

さらに、**権利付最終日を通過すると、配当権利だけ確定させてから売却するような動きから急落することも多い**です。その下落率だけで結局、配当分以上に損することもあります。あくまで目安程度にして、地合いなどを見ながらしっかり自分のタイミングで売買することが肝要です。

第6章

投資2年生が知っておきたい実際の相場への心構え5カ条

——長く冷静に勝ち続ける人が必ず意識していること

① こんな金、くれてやる！

長期投資の挫折と早売りを防ぐのに必須

投資で上手くいくコツは、損すること。えっ？と思ったかもしれませんが、厳密にいうと**「最終的には利益を狙うが、目先は損しても構わない」**という考えです。

「儲けることが目的じゃないのか？」と思う方もいると思います。逆説的ですが、投資で利益を得たいなら「投じたお金が全てなくなってもいい」という寛大さを持ったほうが上手くいきます。

「お金が絡むと人は変わる」とよくいわれますが、これは投資でも同じリスクとなります。仕事のような「本気」ではなく、ある意味「趣味」の一環という感覚で投資してもいいかもしれません（※決して適当にやってよいということではないです）。

投資をするからには利益を求めますが、私自身と受講生を見てきた経験でいうと、感情移入してしまうと上手くいかない場合が多いです。**特に危険なのが、投資で「勝つ」「負ける」という発想**です。

投資は、勝ち負けを争うものではありません。会社の成り立ち、配当の成り立ちを考えてみてください。株式投資は事業を起こし、社会に価値を与えたい人を応援する目的で投資家が資金を提供することです。

つまり、株式投資の本質は会社を応援すること。成功も失敗も、投資した会社と一緒にリスクを引き受けるのです。そう考えると、勝ちや負けにこだわって精神を疲弊させるよりもずっと気楽にならないでしょうか？

もちろん単に応援するだけでなく、リターンを得るために分析することも大切です。ただ、どんなに頑張って分析しても売買ポイントを厳選しても、100%利益に繋がるわけではありません。

だからこそ、勝ち負けの発想をなくしてください。投資が失敗したとしても、「応援している会社だからこの資金は全てあげていいよ」「くれてやる」と思える企業に投資することが大切です。

「損をしたくない！」という発想もなくしてください。早売りを防ぐことができます。心理上、**利益を得る瞬間よりも、得ることができた利益がなくなるかもしれないという損失に対して、人間の感情は2倍反応します。**

そのため、「損をしたくない」「資金を失いたくない」という心理状態になることで、順調に上昇していた含み益が少し減ると、「さらに減るのではないか」「利益を守りたい」という恐怖感から売却してしまうことが起こり得ます。これは、個人投資家の中でもよくある悩みです。

しかし、長期的に上昇トレンドが見込めるのであれば持ち続けて利益を伸ばすべきです。投資先の状況に大きな変化がなく、あなたが投資した前提が変わらないなら持ち続けることが原則です。

「投資した会社にお金をあげる」という発想であれば、含み益の変動があったとしても、**一喜一憂することはありません。**いたって冷静な判断ができるようになります。

2 徹底的に天の邪鬼であれ

買い手がいなくなることで相場の天井はやってくる

長期投資で大きく資産形成するには、市場参加者が「株なんて買いたくない」という状況で買いに行くのが重要。恐怖におののく**大衆とは真逆の行動を取るのです。**「通りに血が流れている時に株を買いに行け」「銃声が鳴ったら株を買え」「人が貪欲な時に自分は慎重に」「人が恐れている時に自分は貪欲に」といった様々な格言がある通り、徹底的に天の邪鬼であることが成功に繋がります。これは私の実体験からもいえます。

まず、暴落期でなく絶頂期の株式相場を考えてみましょう。多くの人が株（銘柄）に注目し投資すべき！と認識した頃には、ほぼ天井に差し掛かっているケースが多いです。なぜならば、底値から買っていた投資の玄人から何もわからないド素人まで、全ての人々が参加しているからです。普通なら株をやらないような人までやり出すと、その先に株の買い手はいません。

1929年の大恐慌の直前の、元米大統領ジョン・F・ケネディの父であるジョセフ・P・ケネディ氏の逸話が有名です。彼は米国の金融街であるウォール街でも有名な投資家でした。

夏のある日、少年に靴を磨いてもらっていると、少年の口から「この株が儲かる」という類の話が多数出てきました。これを聞いたケネディ氏は、「投資に興味を持たないような貧乏な子どもでさえも株を知っている……、きっと流行も終わりに近い」と悟り、保有していた株を売却したのです。それからほどなく、同年10月に株式市場は大暴落しましたが、難を逃れたのでした。

近年でも米国株の上昇が顕著でした。書店には米国株投資の本が並びSNSでもS&P500の積立で資産形成するのがブームとなりました。

2021年より前に米国株を買っていた方は覚えていると思いますが、GAFAMと呼ばれる巨大IT企業が米国市場の時価総額の多くを占め、株価はさらに上がり、万能神のように思われていました。

ですが、**2022年年初からの金融政策や相場環境の変化によって大きく下落。**GAFAMだけでなく、業績赤字でも成長期待でグロース株を買っていた投資家の中には、マイナス80~90%といった巨額の含み損を抱えた方も。

万能と思われがちの米国株も2000年頭からのITバブル崩壊、2008年のリーマンショック、そして2022年の暴落と、定期的にブームになっては暴落を繰り返しています。

このように**大勢の人がよいと認知した頃には、買い手も少なくなり、時間も経ってマーケット環境が変わり目にあります。**

天の邪鬼のごとく買いに行くべきタイミング

先ほどの米国のハイテク株とは逆にあまり注目されず、中には「終わった」といわれる銘柄が買い時になる可能性があります。

例えば、原油メジャーのエクソンモービル。2020年の新型コロナウイルスの時には、人の往来が止まり、原油価格が市場初のマイナスになりました。その後、エクソンモービルの株価も大暴落。事業自体が成り立たないという状況です（p166の図41）。

40年近く増配を続ける高配当株でしたので、果たして配当もどうなるのかという状況でした。ただ、**私はこの下落に乗じて株価30ドル近辺のほぼ底値で買っています。**この時はしばらく株価が動きませんでしたし、多少の恐怖はありました。

一方で移動需要が消滅しても、原油は電力・化学製品など多数の分野で使われること。そしてコロナが仮に長引いたとしても、いずれ人の往来は再開せざるを得ないと予測されること。原油の需要自体も少なくともこの先10年は上昇傾向だったこと。以上から、いつかは戻るというプランをもって買いました。

図41　エクソンモービルの株価の推移

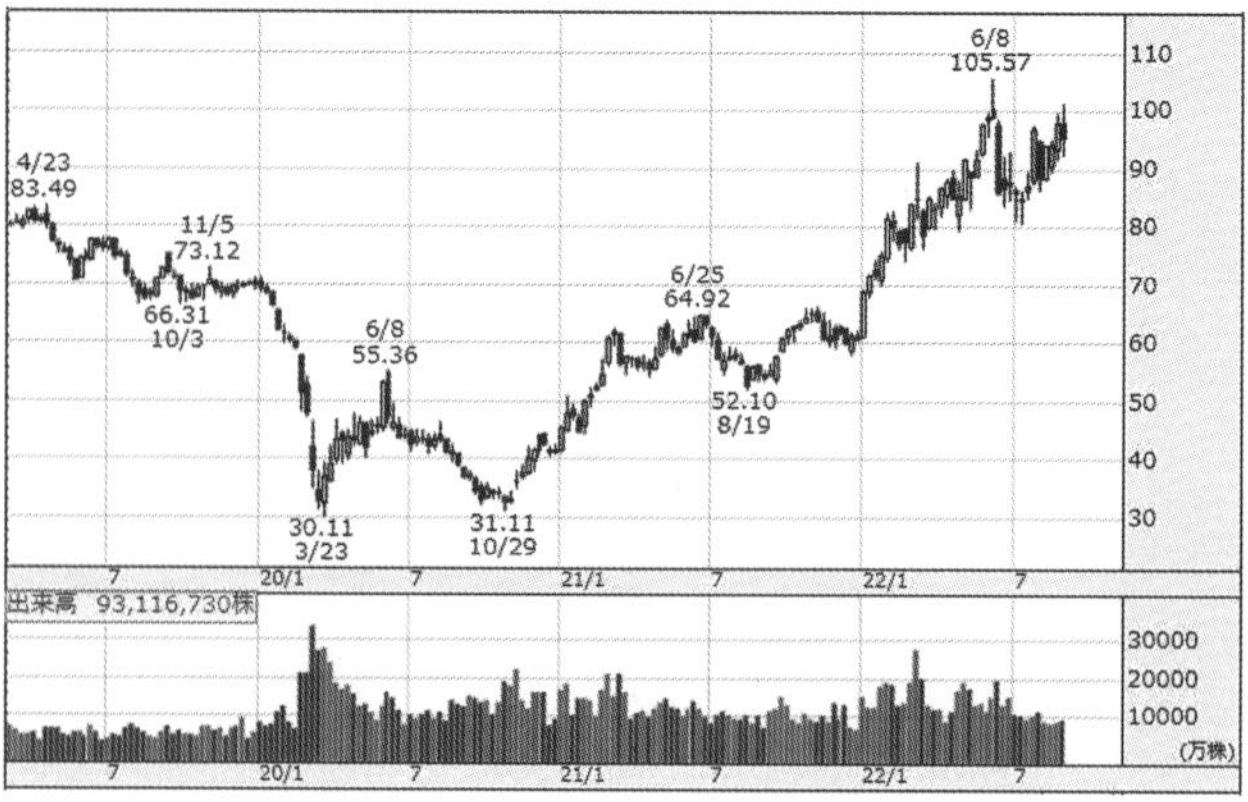

※引用：株探（https://kabutan.jp/）

この当時、エクソンモービルなどのエネルギー株を買うのはよくないという論調が目立ちました。テスラなど電気自動車の株価が伸びていたこともあり、オワコン扱いだったのです。

実際、私もハイテク株が上昇しているのを見て、釣られそうになったりエネルギー株の将来に対して悲観的に考えたりする場面もありましたが、人々が注目していない安いタイミングで買えたということです。

結果として、2年後にはインフレ進行もあり約30ドルから約110ドルまで上昇。**底値から3倍近い利益**が得られました。途中で保有株の半数を利益確定してしまいましたが、この書籍の執筆時点でもまだ保有しています。

配当も継続して出ましたので、30ドル近辺で買うと**配当利回りは10%**と高いです。

最悪の材料が出たタイミングこそ、実は買い時なのです。ですが、それを目先の暴落チャートだけで見ていたら絶対に気づきません。

以上のような観点で、人々がよくないと感じている銘柄でも「これ以上悪くなりようがない」悪材料が出たり、会社や事業としては価値が変わっていない状態であれば、長期投資のよいチャンスになる可能性が高いです。ぜひ人とは違う道を歩み、天の邪鬼な投資家であってください。

3 すぐ上昇することを期待しない

大きなプラスの前にはマイナスが発生する

買った後に「すぐ上昇してほしい」という願望は捨ててください。

何年かに一度起こるような大暴落を除いて、私は常に買った後に株価がしばらく停滞することを織り込んで投資しています。どんな投資対象を買う時にも、この方針は一貫しているのです。

特に**暴落期に株を買えたとしても、後から見ればよい買い時だったと実感しますが、その当時はなかなか株価が上がりません。**ヤキモキすると思います。

たいてい暴落した直後は「さらに悪くなるのでは？」という悪材料・懸念が残っている

ので、いつまた下げ始めるのではないかと……、千鳥足のように株価は推移します。

例えば、2020年の新型コロナウイルスで暴落した日経平均株価。3月後半に2日続けて大きなローソク足の陽線（1日の終値がその日の始値よりも高かった時）が出て急上昇してから結果として上がっていますが、5月末に加速するまでは、下値を切り上げつつも上昇と下落を日々繰り返しながら、徐々に推移しているのがわかると思います（p169の図42）。

この時は3月の大暴落後、さらに近々、再び大きく暴落する「2番底」があるという観測が支配していて、市場心理は最悪でした。

図42　日経平均株価の推移

※引用：株探（https://kabutan.jp/）

私は3月の大底付近で株を買っていましたので結果として有利なポイントで買えていますが、当時の私もご多分に漏れず2番底の恐怖感と戦いながらの投資でした。この状況でさらなる暴落に怯えて株を手放すと、チャンスを取り逃がしてしまうのはよくわかりますよね。

全ての銘柄にいえるわけではないですが、買った後にすぐの上昇を期待すると、なかなか上がらずに停滞し、恐怖感やマンネリ化によってせっかくのチャンスポジションを手放してしまうことが起こります。これは短期トレードでも変わりません。

この本を手に取っているあなたも、早めに売却したけれどその後大きく上がり、悔しい思いをした銘柄はありませんでしたか？　**投資では、一時発生するマイナスを受け入れられないと、大きな利益を得ることはできません。**

特段の理由がない限り、長期的な成長が見込める銘柄を暴落期に買ったら、すぐに上昇することを期待してはいけません。目先の変動は無視して、上昇期が来るのを待つ胆力が必須です。

不祥事や事業環境の変化はさすがに売却のサイン

もちろん**会社の不祥事などで暴落しているにもかかわらず、思考停止で全く売却するなということではありません。売り時は考えましょう。**

例えば、投資資金全体の10％以上の損が発生する場合や、株価が1日で20％も下落する場合は逃げるべきです。2022年に業績の鈍化で大暴落した米国株のMeta（Facebook）のように、米国株は1日に10～20％も下落することがあります。この場合は状況が変わりすぎているので、逃げましょう。

他にも、損切りラインを設定するよりも前に、**投資理由を改めて考えることが大事**です。株価が一時的にあなたの思惑と違った方向に動いていても、企業業績が問題ない、投資理由が変わらない場合は持ち続けてもよいです。

逆に短期的な業績成長を見込んで投資をしたのに決算が悪かったり、その会社の事業自体が成り立たなくなるような場合は、状況が変わっています。

わかりやすいのが、新型コロナウイルスの感染拡大。人の往来がなくなり、航空会社は顧客需要が消滅しました。

近年でもAppleの広告トラッキング機能がユーザーによって選択できるようになりました。それによりTwitterやSnapchatなどアプリ内での広告で稼いでいたSNS企業が、大打撃を受けました。そのような**事業環境の変化にも要注意**です。

4 怖い時こそ「安心」の買い場、前のめりな時は「危険」な売り場

投資とは感情と逆の行動をするもの

売買においてこの考え方は、最重要です。あなたが株を買おうとしているまさにその瞬間、必ず自分自身に問いかけてみてください。「今、私は恐怖を感じているのか、それとも希望や期待に満ちているのか……」。基本的に後者であれば危険サイン。すぐ買わないでください。

私は注文ボタンを押す際、手が震えるような恐怖を感じる時にのみ買います。それとは

逆に、魅力を感じた株があって今すぐにでも買い付けたい、前のめりな気持ちの時は自制し見送ります。

投資は基本的に人間の感情と逆のことをするもの。大衆が本能的に恐怖を感じている時に買いに行き、大衆が前のめりで株を買いに来ている時は売らないと、大きな資産形成は望めません。

投資とは、現時点の株価から先の未来を予測するものです。

当然、チャートの右端より先はまだ見えません。これから作られます。だからこそ、将来予測が外れる恐れが発生します。その中でも自分自身で考え、未来を当ててリターンを得るからこそ面白いわけです。

急上昇のウラには落とし穴がある

既に株価が急上昇（安定上昇）していると安心感があります。実際、力強い上昇トレンドであれば後から買っても継続して上がる場合が少なくありません。実体の長い、力強い陽線を見るとついつい飛び乗りたくなるような興奮すら覚えます。

ただし、安易に上昇に飛び乗るのは危険です。大きく伸びているということは、買いと同時に「売り」も多く入っているからです。株の売買は買い手だけでなく、売り手がいてはじめて成り立ちます。

実例として、2018年から大きく株価が化けたレーザーテック。底値から20倍以上になっていますが、上昇するごとに出来高（一定期間中に成立した売買の数量を示す棒グラフ）も急増しています。強い買いに対して、利益確定の売りも多く混じっているのです（p174の図43）。

その後、2022年初頭に天井を付けてから株価は60％以上も暴落。途中で売り抜けられていればまだいいのですが、もっとも出来

図43　レーザーテックの日足チャート

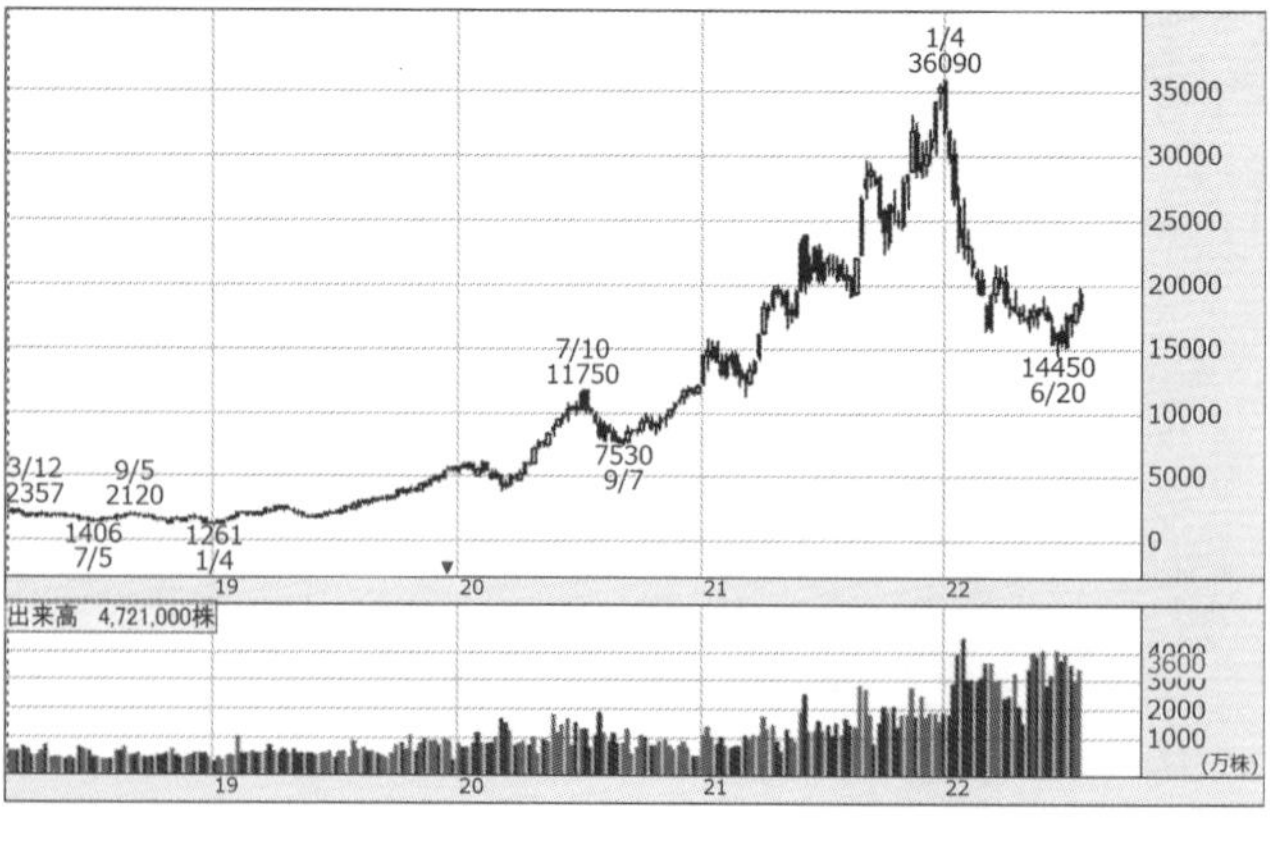

※引用：株探（https://kabutan.jp/）

高の多い天井で買った人は悲惨な結果に終わったのです。

過去に上手くいったロジックを妄信すると大損する

もう1つ危険なのは、それまで上手くいっていたロジックを妄信し、状況が変わっていても同じ投資行動を取ること。

第1章でも触れましたが、2017年の北朝鮮による核実験を利用したトレードがまさにそれにあたります。北朝鮮の動向にマーケットが反応し、大きく荒れた時期がありました。4月から夏にかけてはそれを利用して日経先物の空売りで利益を出せたのですが、すっかり過信した私は同年9月に行われた核実験の際にも同じように空売りを仕掛けます。しかし、国連の制裁決議などで「これ以上悪くならない」最悪期を通過したため、株価は反転。ドンドン上昇していきました。空売りは株価が上がるほど損が拡大します。その結果として、当時の財産の3分の1を投資で溶かしてしまう大失敗をしたのです。

この時の私は今までのロジックを過信し、状況が明らかに変わっていたことに気づけていませんでした。このように、今まで上手くいっていたからと思考停止で売買するのはとても危険です。

恐怖の中に希望が垣間見えれば、お宝ポジションになりやすい

これまでもお伝えしていますが、恐怖感の中で買った銘柄は後々大きく伸びることが多いです。

2020年9月、当時の菅総理が携帯キャリア大手の料金引き下げを表明し、通信会社の株が暴落しました。それに乗じて、私はNTTの株を買っています。底値は拾えず含み損の期間もありましたが、結果として1・6倍以上に上昇しています。

当時のマーケット心理としては、携帯料金を下げることによって通信会社の利益が悪化という懸念がありました。しかし、「NTTは携帯事業だけではない。リモートワークが増えてきた世の中では、光回線はじめ通信インフラは必要になるだろう」という考えがありました。株価が下がったことにより配当利回りも4%を超えて高水準だったのも追い風になりました。

以上の理由から、恐怖感はあったものの理性で割り切り注文ボタンを押したことをよく覚えています。結果、安定した業績成長と割安感から、配当も値上がり益も十分に得られ

るお宝ポジションを手に入れたのです。

韓国発のインバウンド旅行などを全般的に手掛ける会社、HANATOUR JAPANの例も出しましょう。新型コロナウイルスで大打撃を受けましたが、2022年のインバウンド再開に伴い上昇しました（p177の図44）。

私は年初から目を付けて仕込んでいましたが、2022年の年初は新型コロナウイルスの影響がまだ色濃く残っていた時期です。特に海外からの日本入国は厳しい制限があり、観光目的の外国人入国は許可されていませんでした。当然、当時のHANATOUR JAPANの株価も停滞していたのです。

図44　HANATOUR JAPANの日足チャート

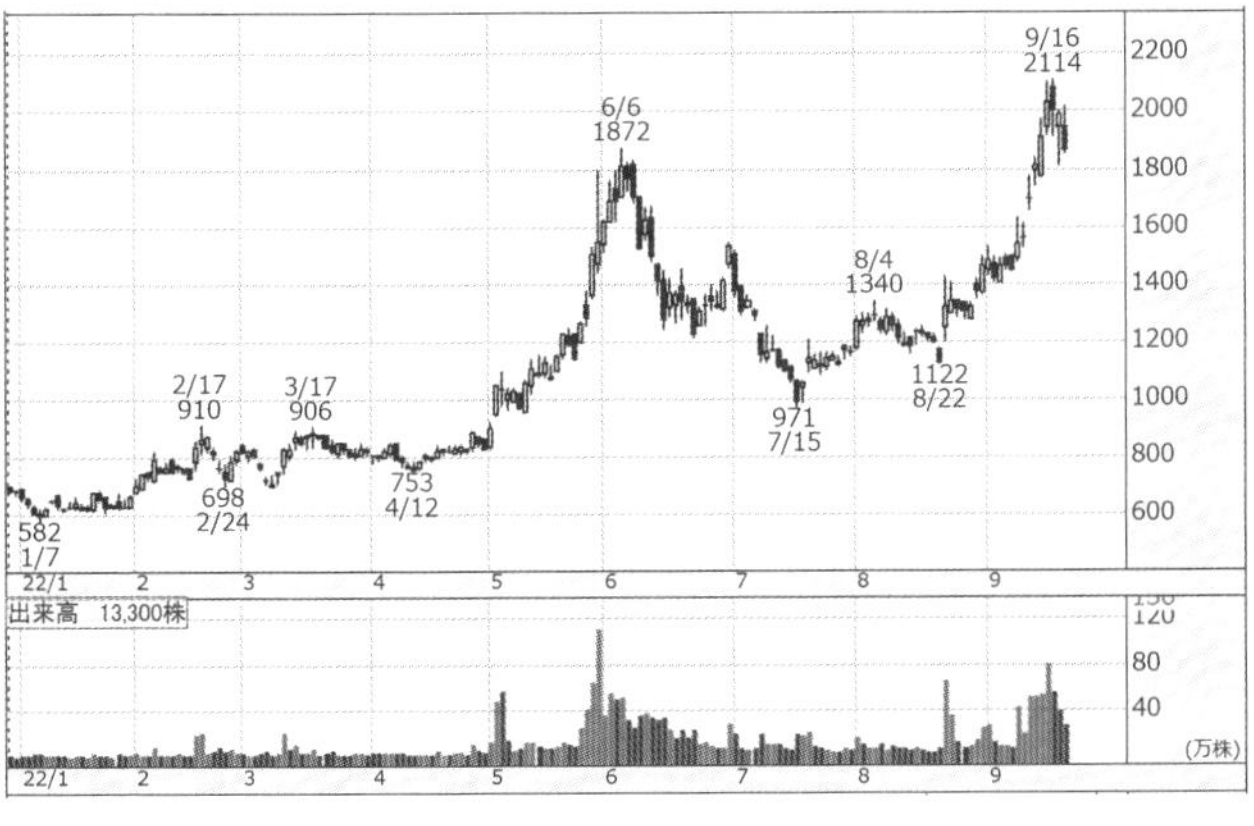

※引用：株探（https://kabutan.jp/）

しかし一方で、とっくに世界ではマスクを外すことや航空機の往来が再開していました。したがって、先行き不透明ではありましたが、**需要の回復を見込み買っています。**結果として、この銘柄だけで半年で4倍以上の値幅が取れています。

このように、懸念や恐怖感があっても確かな理由があって買っていれば、後から振り返ると絶好のエントリーポイントになることが多いです。それは、**短期も長期も変わりません。**

「メモ買い」と「エントリーポイント振り返り」でスキルアップ！

だからこそあなたは株を買う時に「今、恐怖を感じているのか？」「それとも、息巻いて期待や希望に満ち溢れているのか？」。自分自身にしっかり問いかけてください。

とはいえ、「恐怖感MAXの暴落時によい株を買え！」と言っても、簡単にできることではありません。実際に経験していなければ、腑に落とすのはなかなか大変だと思います。だからといって、やらないとスキルは身につきません。

そこで**私がお勧めしたいのは「メモ買い」。**

ほんの少額でもよく、なくなっても問題のない資金を使って暴落時に買いに行くことです。深く考えすぎず、もはや適当でもいいくらいです。

そして相場の回復とともに株価が上昇し、利益を確定する経験をしてみてください。金額は小さくても、「暴落時に買いに行くことで利益を得る」という一連の流れをしっかり身をもって経験することに価値があります。

また、もう1つ具体的な練習として、過去のあなたの**エントリーポイントを改めて振り返ってください。**「過去にチャートのどの位置で買ったのか?」プリントアウトして丸をつけるのです。

その時に、「地合いの状態を表す騰落レシオやVIX指数の値がどうだったか?」「暴落時に買えていたか?」「逆に相場が盛り上がり高値圏で買っていないか?」など、指標と一緒に振り返るとより効果的です。

5 常に変化し続ける

過去の必勝術で逆に負けを招くなんてことも……

相場のパターンは、常に変わり続けます。過去の成功法則は当てはまらず陳腐化するのが常です。

それどころか**ある時代に通用した手法が、180度真逆の結果になることもよくあります。あなたは投資家であり続ける限り、一生勉強しなければいけません。**

私の実体験をもとに、実際にあった出来事をいくつか紹介します。

投資を始めた2016年、株を買う時は短期の「トレンドフォロー」手法を使っていました。トレンドフォローとは、上昇下落の流れが続くことを前提とし、その流れに乗ることで利益を伸ばしていく方法になります。

例えば、p181の図45のように上昇している銘柄があるとして、株価が一時的に下落した状態である「押し目」でエントリー後、上昇した分の利益を取っていきます。当時は、数週間程度で売買するスイングトレードをしていたので、損切り・利益確定ラインを事前に設定していました。

2016～17年にかけての日経平均株価の推移を見ても、途中下げても中長期的に上昇トレンドが続いていたのがわかると思います（p182の図46）。

また当時の私は、利益の幅と損失の幅が3対1になるように心がけていました。例えば、損が出た時はマイナス5万円で、利益が出ればプラス15万円。これでしたら、1勝3敗で

図45 「トレンドフォロー」手法の例

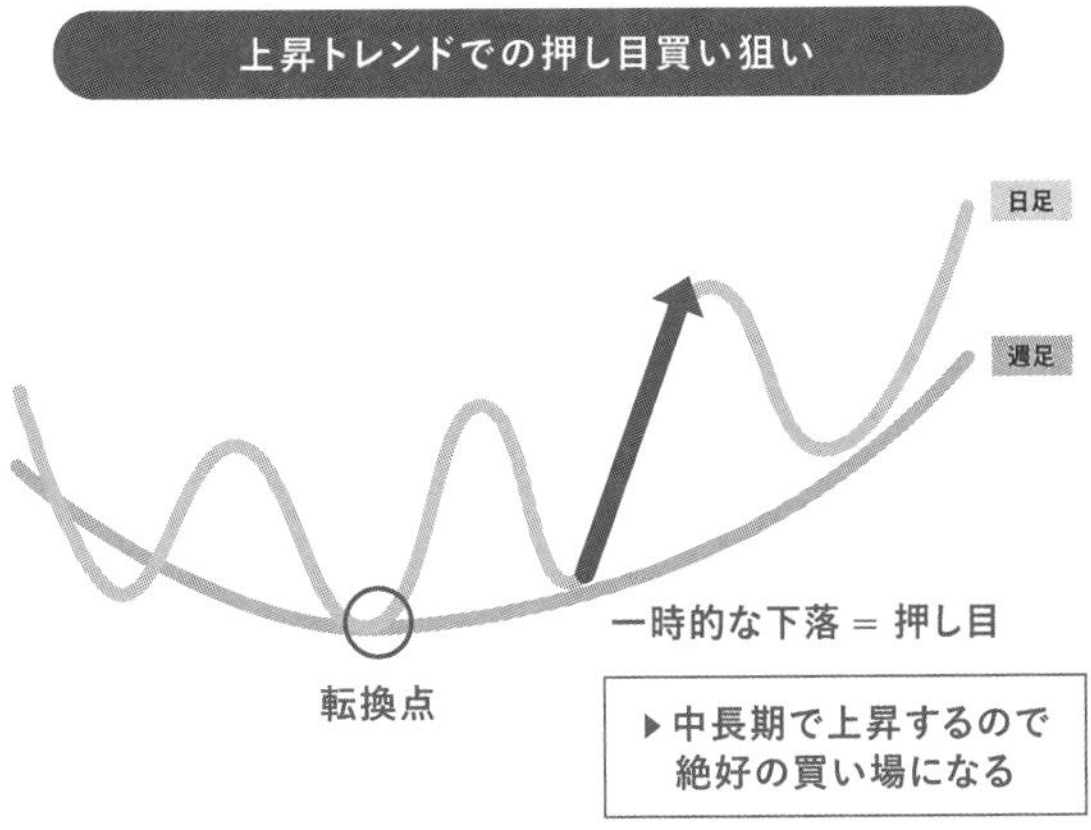

もトントンになります。

２０１７年までの相場は上昇トレンドが続き、この手法がよく機能しました。株の利益で当時の月給以上の金額を稼いだ時は、本当に感動したことをよく覚えています。

ただし２０１８年以降、相場のパターンが変わると状況は一変します。以前のようにきれいに株価が上がらず、少し上がっても停滞。結局、上値を抑えられて下がってしまう相場が頻出したのです。実際の日経平均のチャートを見ても、きれいな上昇ではなくアップダウンを繰り返しています（ｐ１８３の図47）。

この年は前年までの金融緩和が終わり、さらに米中の対立が鮮明化したことによる経済環境の悪化がマーケットを不安定化させたの

図46　日経平均株価の推移（2016年末から2017年末まで）

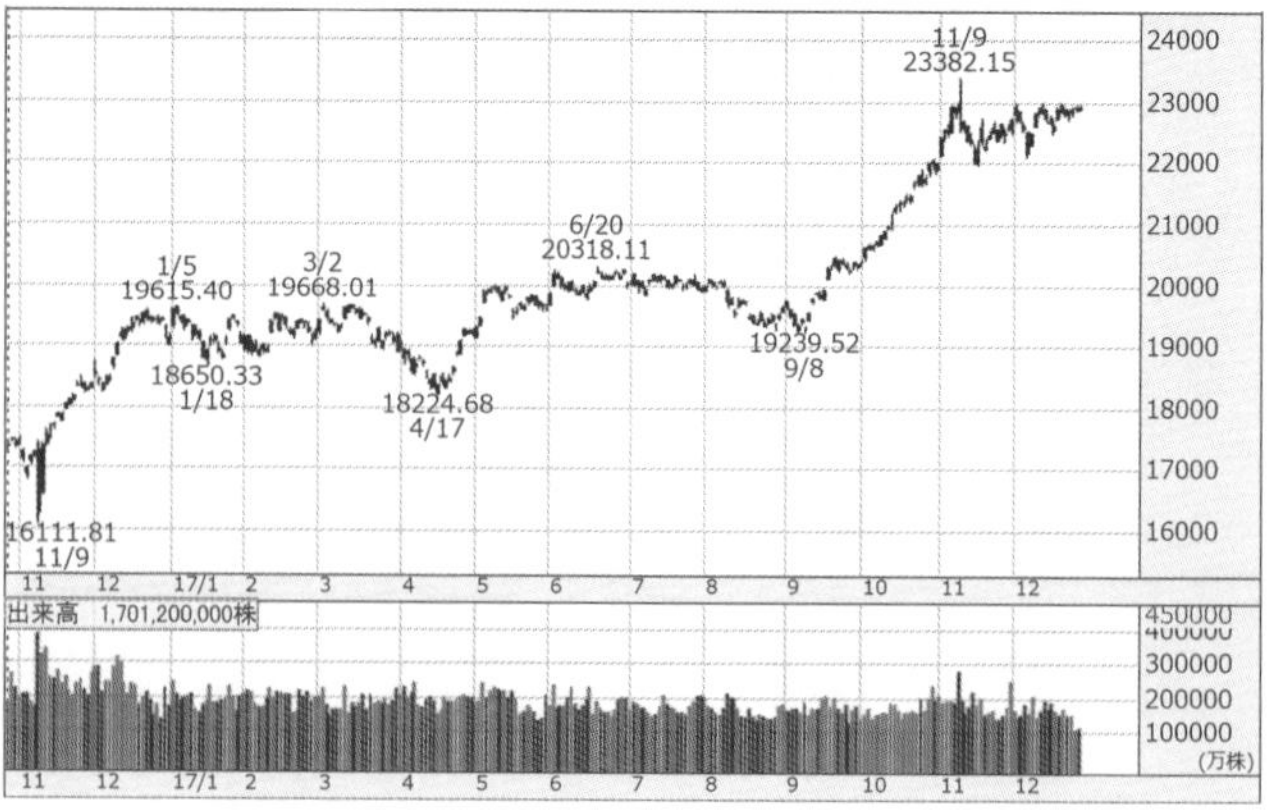

※引用：株探（https://kabutan.jp/）

です。

一定の価格帯で上下する相場のことをレンジ相場といいます。これが厄介でした。トレンドフォローの手法は、損切り金額に対してそれを上回る上昇益を前提としています。しかし、レンジ相場になると**今までよりも十分な上昇が見込めなくなってしまいました。**

利益確定するはずだったラインに届かず、その手前で株価が切り返して下落してしまうのです。今までであれば多少待っていれば上がっていたのに、そのまま損切りになることが増えたのです。結果、収支が悪化し、全然稼げなくなってしまいました。

トレンドフォローの押し目買いは、「長期

図47　日経平均株価の推移（2017年末から2018年末まで）

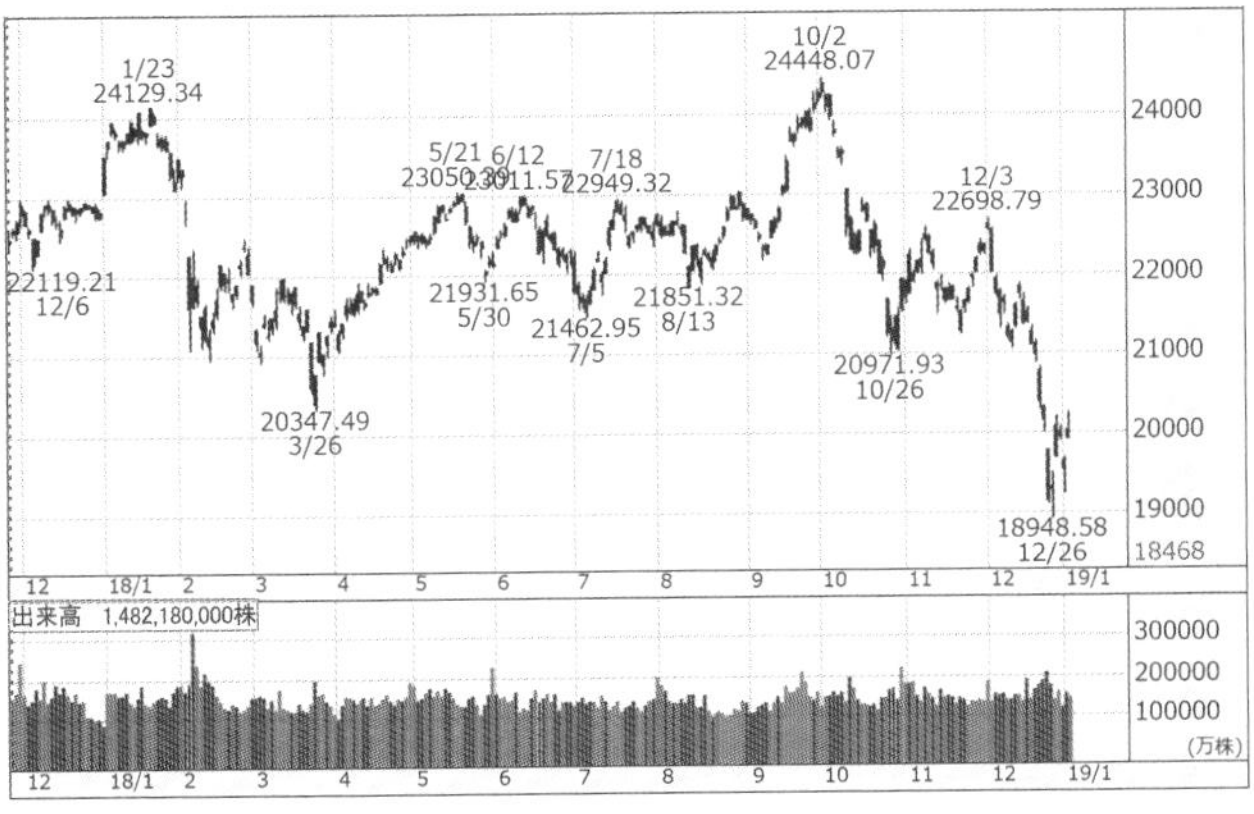

※引用：株探（https://kabutan.jp/）

の上昇トレンド」が崩れると途端に通用しなくなるのです。パターンが変わったことに気づかないといけません。

逆にレンジ相場になったとしても対応方法はあります。例えば、ある一定の価格で下げ止まるのであれば、そこに指値注文を入れたり、テクニカル指標であるRCIを中心として底値で切り返したところを買っていく。そして、株価がレンジの上限価格になったら売るというものです（p184の図48）。

ただし、レンジ相場での手法はトレンドが発生した時に途中で早く売ってしまいますので、大きな利益を取り逃がします。

また、損切りを入れずに逆方向に動いてしまった場合、大損することもあります。例え

図48　レンジ相場の例

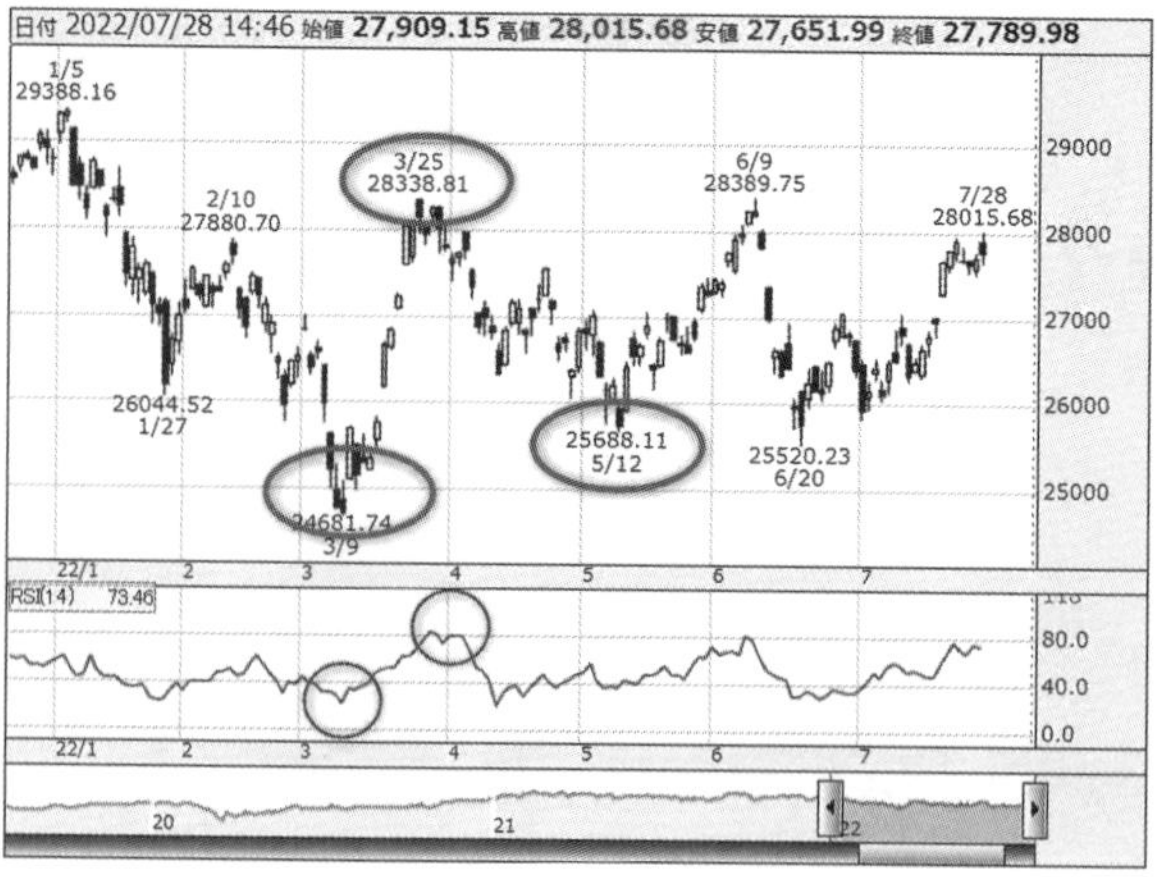

※引用：株探（https://kabutan.jp/）

ば株価1000円で下げ止まる傾向があって買いに行ったのに、何かしらの理由で1000円を突き破って大暴落してしまった場合、早めにロスカットして逃げられていればいいのですが、何も対策をしなければ含み損がどんどん膨らみます。

このような事態は、FXの自動売買ツールでよく起こりがちです。基本的に直近のテクニカルや値動きの履歴から、価格が止まるであろうラインをコンピューターが計算しています。しかし、相場のパターンが大きく変わった途端に通用しなくなり、一方向に動き出して損失が一気に膨らんでしまうのです。

FXの自動売買自体は有効に活用すれば、強力な資産形成ツールになります。しかし、そのロジックがレンジ相場を前提としているものであれば気をつけるべきです。

このように相場のパターンは変わり続けます。新型コロナも1、2回目の流行であれば株価に大きく影響しましたが、現在は感染が再拡大しても以前ほど気にしないですよね。コロナを例にしても、相場が過去と同じように動くと信じてしまうのは危険なのです。

常に変化に対応していく必要がありますし、逆に変化があるからこそ新しく参入した投資家にもチャンスが出てくるということです。株式投資に経験の年数は関係ありません。

おわりに

ここまでお読みいただき、ありがとうございました。

いつもは個人投資家の方がほしい情報の提供を最優先にしていますが、ここでは私の投資への本音を包み隠さずお話しします。

私が投資を始めた25歳の時、「月に数千円でも給料以外のお金がほしい！」という極めて軽率で単純な理由から、投資の勉強を始めました。というのも、社会人になってからいろいろな消費や自己投資にお金を使いすぎて（※自己投資自体は極めて有効ですが）、でも全く成果が出ずに全資産は10万円。転職した２０１６年当時は月の手取り収入も低く、親元を離れて1人暮らしをしていたので、カツカツでした。毎日働いていたので副収入を得るようなことをする余裕もありません。それでも投資を学んだおかげで、今のように資産を作りながら、本書を通じて世の中に発信までさせてもらえるようになりました。ですが、その成果はお金以外の部分も大きいです。

例を挙げると、2016年当時はまだ大学生だった3歳下の妻と出会うのですが、忘れもしないデートがあります。東京・高円寺のカジュアルな焼肉店で食事し、会計は2人で3000円ほどでした。今考えれば格安です。ところが、ほぼ無資産の私はその金額すら出すことに抵抗があり、何だろう?と不思議に思った妻が私の資産額を聞いて驚愕。見かねて「いいよ、私全部出すから……」と言って、支払ってもらったことがあります。この時の悔しさや恥ずかしさは忘れられません。今でも仕事を頑張り資産を増やす原動力になっています。

それから1年後の2017年、当時の給料の2倍以上の利益を1か月で投資で出せました。その利益から、今度は私が妻に好きなものをご馳走して(2人で1万円くらいでした)、喜んでもらった時は本当に感動しました。人のために何の抵抗もなくお金を使えるのは、こんなにも幸せなのかと思いましたし、幸福度が爆上がりしますのでお勧めです。あなたも投資で成果が出たら、利益の一部でぜひ身近な人にやってみてください。ちなみに金額の大小は二の次でいいです。例えば、帰宅する時に在宅ワーク中の家族を労ってお惣菜や日用品を買ってくる、頑張っている後輩にランチを奢《おご》るなど、数百円でも自分のできる範囲で喜ばせられれば十分かと思います。そもそも投資の利益は、なるべく再投資したほうがいいので（笑）。

自己満足かもしれませんが、こうした喜びを知ることができたのは投資のおかげですし、善い行いをしていると運も巡ってきます。別の例になりますが、ビジネスマンの方であれば投資を学ぶことで間違いなく仕事のパフォーマンスが上がります。投資に絶対はNGですが、これに関しては断言できます。投資において必要な能力とは、仕事で求められるそれと非常によく似ています。「置かれている環境を理解する」「自分の頭で行動プランを考える」「得意なパターンを見つける」「最悪のケースを想定して備える」「予算配分に気をつけ余裕を持つ」「決めた方針通りに行動する」「感情をコントロールする」「結果を反省し行動を変える」「人が目を背けたくなるような逆境で動く」「継続する」など。

読めばおわかりかと思います。これらの要素がそろっていないと、仕事でも投資でも成功するのは難しいでしょう。投資に真剣にチャレンジすれば、こうした能力が自然と身につきますし、できれば社会に出る前の学生の時から経験したほうがいいです。私自身、新卒で入社したリクルートグループの企業では全くのダメ社員でした。当時の先輩方が現在、児玉が社長をやっていると聞いたら、イスから転げ落ちる勢いでビックリすると思います

（笑）。基本的なタスク管理はもちろん、お客様の意図を汲み取るコミュニケーション能力も皆無で、営業成績は当然最下位でした。そもそも1日に大量に会話する仕事に適性がなく、戦う場所を間違っていたのもあります。今の仕事に転職してからも、すぐ上手くいったわけではありません。社員時代はまとまった成果を出すのに2年ほどかかっていて、その間にはストレスによる胃腸炎で入院したりと散々でした。それでも、お金がなかったので何とか喰らい付かなければならず、仕事にも「失敗できない……」という余裕のなさが出てしまいます。

ただ転機になったのは、曲がりなりにも投資で利益が出始めた時です。自力でお金を作った経験があると「最悪クビになっても、俺は何とかやれる！」という謎の自信が出てきます。仕事でも思い切った冒険ができるようになります。「今までになかった提案を取引先に行う」「上司に嫌われても自分の意見を通す」「失敗するかもしれないがレベルの高い仕事を引き受ける」といった形で行動が変わってきたのです。

今までの私であれば嫌われないように、怒られないように進めようとして成果が出なかったのですが、それが180度逆転したのです。ちなみに「上司に嫌われても」とは書きましたが、実際はかなり好きにやらせてもらいました。それも、投資で学んだ「自分の考え」と「想定通り行かなかった場合のリスクヘッジ」をしっかり準備していたからです。それからは次々と提案した企画が当たり、大型のプロジェクトにも抜擢され、気づけば部内でもエース級の社員になっていました。講師の方を真似て、自分がやっている投資を教え始めたのもこの頃からです。社長になる時も前代表が退任する形で役が回ってきたのですが、怖さはあったものの「最悪、自分のことは何とかなる」という自信が決断を後押ししてくれました。

投資も人生も、最後は運に左右されると思います。どんな優良企業の株でも地合いが最悪であれば暴落しますし、仕事で必死に進めたプロジェクトがあなたの責任外の理由で頓挫することもあるでしょう。逆に、運が味方して勝たせてもらうこともあるでしょう。本書は15年前のリーマンショック時であればおそらく世に出ておらず、私の仕事自体も成り立っていなかったでしょう（笑）。「投資は自己責任」といわれますが、なぜかといえば自分の責任でコントロールできない変数が多すぎるからです。政治、経済、自然環境、企業の業績、マーケット環境、その年のブームなど不確定要素が多すぎていくら努力しても成果が保証されない世界です。言ってよいのかわかりませんが、「最後は運」です。現に優秀なファンドマネージャーでも勝率は50%程度。

それでもリスクを取るから労働ではあり得ないリターンが手に入りますし、運に左右はされつつも、成功確率を高めるために努力する。運悪く損してもトータルで資産が残るように行動する。そんな人が最後は笑える世界だと思います。そのためには継続が必要で、投資を始めて「少し経った方=2年生以降の方」が最も続けやすい投資法を本書では紹介させていただきました。どんな時代にもブレずに、世の中へ価値提供を続ける企業に、継続して投資する(できれば安い時に)。シンプルですが、大事にするべき原則を、本書を通して私自身再確認しましたし、これからも続けていきたいと思います。

末筆となりますが、出版の機会を作ってくださった小山睦男さん、本書の編集にきめ細かく尽力いただいた杉浦博道さん、日頃からお世話になっているお客様、取引先の皆様、社内関係者の皆様、苦しい時から支えてくれた妻、そして本書を手に取っていただいた皆様に感謝を申し上げます。

児玉一希

株式投資など資産運用は、お客様自身の自己責任でなされるものです。本書の内容に基づいてお客様が万一被ったいかなる損害についても、当社は一切責任を負いません。

株式投資2年生の教科書

2023年3月14日　第1刷発行
2023年4月7日　第2刷発行

著　者　児玉一希《こだまかずき》
発行人　土屋 徹
編集人　滝口勝弘
編集担当　杉浦博道
発行所　株式会社Gakken
〒141-8416　東京都品川区西五反田2-11-8
印刷所　中央精版印刷株式会社

●この本に関する各種お問い合わせ先
本の内容については、下記サイトのお問い合わせフォームよりお願いします。
https://www.corp-gakken.co.jp/contact/
在庫については　Tel 03-6431-1201（販売部）
不良品（落丁、乱丁）については　Tel 0570-000577
学研業務センター　〒354-0045　埼玉県入間郡三芳町上富279-1
上記以外のお問い合わせは　Tel 0570-056-710（学研グループ総合案内）